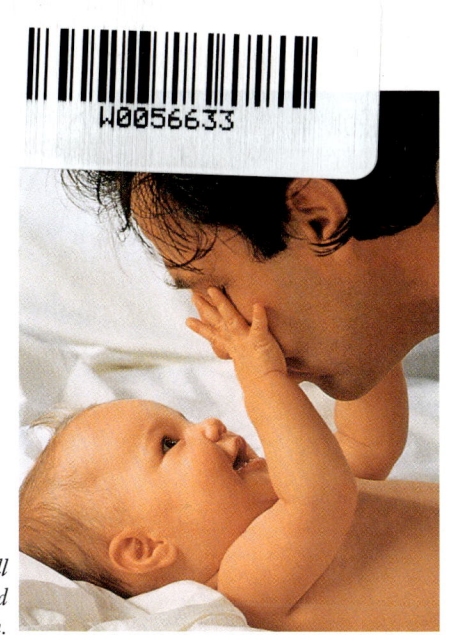

Das Baby will entdecken und sich mitteilen.

Für eine gesunde Entwicklung des Babys ist Bewegungsfreiheit ganz wichtig.

Vorwort

Auch wenn das für Ersteltern manchmal schwierig ist: Haben Sie den Mut, Ihren eigenen Weg im Umgang mit Ihrem Baby zu gehen!

Liebe Eltern! Sie wissen es längst: Ihr Baby ist etwas ganz Besonderes. Es ist eine kleine Persönlichkeit und möchte mit allen ihm zur Verfügung stehenden Möglichkeiten die Welt entdecken. Durch Einfühlungsvermögen und liebevolle Herausforderung können Sie ihm dabei helfen. Durch Sie lernt Ihr Baby, die Welt zu verstehen, und im täglichen Miteinander und im gemeinsamen Spiel wird es die nötigen Erfahrungen sammeln. Wenn Sie sich dabei auf die Ebene Ihres Kindes begeben, werden Sie selbst wieder lernen, die Welt in ihrer Vielfalt mit den Augen eines Kindes zu betrachten.

Mit diesem Buch möchten wir Sie auf Ihrer Entdeckungsreise in die Welt des Kindes begleiten. Um die Spannbreite der kindlichen Entwicklung im ersten Lebensjahr deutlich zu machen, wird in vier Kapiteln jeweils die Entwicklung für ein Vierteljahr beschrieben. Komplexe Entwicklungszusammenhänge wie das Greifen oder Sich-Aufrichten werden innerhalb dieser Kapitel in farbig unterlegten Kästen für das ganze erste Lebensjahr übergreifend dargestellt. Wir möchten Ihnen keinesfalls fertige »Rezepte« zum Umgang mit Ihrem Kind liefern, sondern Informationen und Denkanstöße geben und Sie darin bestärken, Ihren eigenen Weg im Umgang mit Ihrem Baby zu finden. Auch die Spielvorschläge sollen lediglich Anregungen sein, wie Sie individuell auf Ihr Kind zugeschnittene Spiel- und Beschäftigungsformen entwickeln können.

Warum das erste Jahr so wichtig ist

In den letzten 20 Jahren haben Wissenschaftler immer mehr über die Entwicklung und die Bedürfnisse von Babys herausgefunden. Die Zusammenhänge, die für die Entwicklung von Babys bedeutend sind, werden immer genauer erforscht. So wissen wir heute eine ganze Menge darüber, was ein Baby braucht und was ihm gut tut.

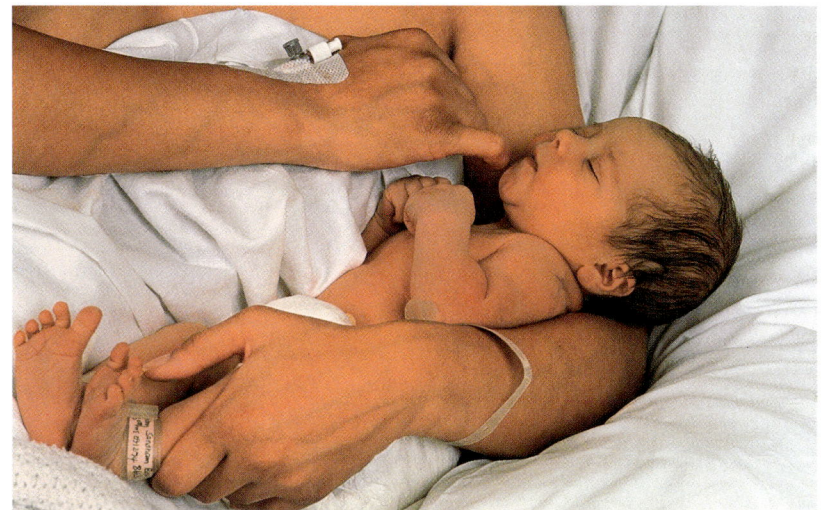

*So abhängig und schutz-
bedürftig ein Neugeborenes
auch ist, so ist es doch bereits
ein eigenständiges Wesen mit
individuellen Bedürfnissen.*

Und wir wissen auch, dass dem ersten Lebensjahr eine ganz besondere Bedeutung für die Entwicklung eines Kindes zukommt.

Mit Aufkommen der Videotechnik Ende der sechziger Jahre wurde es möglich, das Verhalten von Babys und das Zusammenspiel von Erwachsenen und Babys immer genauer zu beobachten. Das Bild vom Baby hat sich damit sehr verändert. Wir wissen heute, dass schon das Neugeborene über erstaunliche Fähigkeiten verfügt. Seine Sinne sind von Anfang an aufnahmebereit. Seine ersten Bewegungsmuster – wie die Greifreaktionen oder die Kriech- und Schreitbewegungen – helfen ihm nicht nur, sein Überleben zu sichern, sondern auch, mit seiner Umwelt in Kontakt zu treten.

Spätere Bewegungsformen bauen auf diesen anfänglichen Bewegungsmustern auf und stehen in engem Zusammenhang mit der Wahrnehmungsentwicklung und der geistigen, seelischen und sozialen Entfaltung. Mit dem Wissen um die angeborenen Fähigkeiten von Babys wurden auch die intuitiv geleiteten Verhaltensweisen von Eltern erkannt und verstanden. Wenn Eltern ihren eigenen Fähigkeiten vertrauen, wird dies der Entwicklung ihres Kindes im ersten Lebensjahr in besonderer Weise förderlich sein.

Nie mehr in seinem Leben lernt ein Mensch so viel und so rasch wie im ersten Lebensjahr.

5

Was Babys brauchen

Nichts erfreut ein Baby mehr als direkte Zuwendung, Nähe und Ansprache.

Alle Eltern sind bemüht, ihrem Baby die besten Bedingungen zu schaffen, damit es gesund heranwachsen und sich gut entwickeln kann. Auch Sie möchten Ihr Baby optimal fördern. Die beste Förderung für Ihr Kind liegt jedoch nicht in einem bestimmten Verhalten, das Sie auf wenige Stunden des Tages beschränkt zeigen. Es sind vielmehr Ihre positive Grundeinstellung gegenüber dem Kind und Ihr täglicher bewusster Umgang mit ihm, die sich förderlich auf seine Entwicklung auswirken.

Erfüllung der Grundbedürfnisse

Auf die Bedürfnisse eines Babys einzugehen, hat nichts mit Verwöhnen zu tun.

Von Anfang an hat Ihr Baby Bedürfnisse. Während der Schwangerschaft wurde sein Verlangen nach Wärme, Nahrung oder Bewegung ja automatisch gestillt. Nach der Geburt ist Ihr Baby jedoch darauf angewiesen, dass Sie seine Bedürfnisse erkennen und möglichst rasch befriedigen. Es braucht die liebevolle Zuwendung seiner Eltern, Schutz und Geborgenheit, Berührung, Blickkontakt und Ansprache. Es möchte sich rundherum wohl fühlen und braucht Ihre Pflege. Wenn ihm zu kalt ist, möchte es zugedeckt werden oder Ihre Körperwärme spüren, wenn es Hunger oder Durst hat, möchte es gestillt oder gefüttert werden, und wenn es müde ist, möchte es, dass Sie ihm eine Umgebung schaffen, in der es gut schlafen kann. Daneben zeigt das Baby von Anfang an ein sehr großes Bedürfnis nach Bewegung. Das wird besonders deutlich, wenn es ohne einengende Windeln und Kleidung nackt strampeln darf.

All diese unterschiedlichen Grundbedürfnisse Ihres Babys müssen gerade zu Beginn seines Lebens jeweils sofort erfüllt werden, da ein so kleines Baby noch ausschließlich in der Gegenwart lebt. Erst mit zunehmender Erfahrung im Laufe des ersten Lebensjahres wird das Kind dann lernen, abzuwarten.

Einfühlungsvermögen

Einfühlungsvermögen bedeutet, die Welt mit den Augen des anderen zu erleben und aus seiner Sicht zu handeln. Im Umgang mit dem Baby sollten Mutter und Vater stets versuchen, herauszufinden, was das Kind in der jeweiligen Situation braucht. Dazu müssen Sie Ihr Kind gut beobachten. Über den Gesichtsausdruck, Laute und Bewegungen können bereits sehr kleine Kinder ihre Bedürfnisse mitteilen. Es ist Aufgabe der Erwachsenen, diese erste Sprache des Babys zu entschlüsseln und entsprechend zu reagieren. Mit fortschreitender Entwicklung werden die Äußerungen dann immer vielfältiger und deutlicher, so dass es Ihnen immer leichter fallen wird, zu erkennen, was Ihr Kind benötigt.

Elterliche Intuition

Haben Sie Vertrauen in Ihre Intuition als Mutter oder Vater! Hören Sie auf Ihre innere Stimme, und lassen Sie sich von Ihrem Baby leiten. Sie haben die angeborene Fähigkeit, richtig mit dem Baby umzugehen. Zu viele, wenn auch gutgemeinte Ratschläge von anderen dagegen werden Sie eher verwirren. Wenn Sie stets versuchen, sich in Ihr Baby einzufühlen und seine Bedürfnisse ernst zu nehmen, wird es Ihnen auch gelingen, angemessen mit ihm umzugehen und es in seiner Entwicklung zu fördern.

Verständliches Verhalten

Alle Kinder wollen das, was um sie herum geschieht, auch verstehen können. Dieses Verstehen beginnt bereits in den ersten Lebensmonaten und nimmt immer mehr zu. Wenn Babys ihre Bedürfnisse zum Ausdruck bringen, müssen Erwachsene unmittelbar darauf reagieren. So kleine Kinder haben nämlich noch keine Vorstellung von Zeit und können deshalb auch noch nicht warten. Ein Baby lebt ausschließlich im Hier und Jetzt. Wenn sich die Eltern dem Baby ge-

Wenn Sie versuchen, sich in die Lage Ihres Kindes zu versetzen, werden Sie meist das Richtige tun.

genüber gleichbleibend verhalten, kann es sich im Lauf seiner Entwicklung immer mehr auf Bekanntes beziehen, und das Verhalten der Eltern wird für das Baby vorhersehbar und verständlich. Das Kind kann sich darauf einstellen und wird allmählich eine Beziehung zwischen dem eigenen Verhalten und den Reaktionen der Eltern herstellen. Es macht die Erfahrung, dass sein Verhalten etwas bewirken kann und dass Dinge miteinander in Beziehung stehen.

Das Baby möchte sich geliebt und geborgen fühlen. Dadurch gewinnt es Selbstvertrauen.

In Aussagen wie »Wir sind jetzt aber müde!« kommt zum Ausdruck, dass Eltern oft ihre eigenen Wünsche und Bedürfnisse mit denen des Kindes vermengen. Diese anfänglich sehr starke Identifikation mit dem Kind wird im Laufe der kommenden Monate wieder zurückgehen. Es ist wichtig, dass Sie als Eltern Ihre eigenen Gefühle von denen Ihres Kindes trennen. Zu einem verständlichen Verhalten gehört nämlich auch die Abgrenzung gegenüber dem Kind. Entweder sind Sie müde, oder Sie vermuten aufgrund bestimmter Verhaltensweisen (wie Quengeln oder Augenreiben), dass das Baby müde ist. Achten Sie darauf, auch selbst zu Ihrem Recht zu kommen. Übermüdete und unzufriedene Eltern können sich nur schwer auf ein Baby einlassen. In den nächsten Monaten werden Sie in Ihre neue Rolle als Eltern hineinwachsen und lernen, mit der veränderten Situation und den damit verbundenen Anforderungen zurechtzukommen.

Zeit und Zuwendung

Für das Baby ist anfangs alles neu, alles passiert zum ersten Mal. Es muss viel lernen, um die Zusammenhänge zu verstehen, und das braucht seine Zeit. Im gesamten ersten Lebensjahr ist es besonders wichtig, sich wirklich Zeit für das Kind zu nehmen. Eile und Hektik kann das Baby nicht nachvollziehen, und es reagiert ebenfalls mit Unruhe oder mit Weinen darauf.

Wenn Sie sich Ihrem Baby zuwenden, sollten Sie das möglichst immer mit Ihrer ganzen Aufmerksamkeit tun. Es irritiert Kinder, wenn man sie anschaut, aber in Gedanken schon bei etwas ganz anderem ist. Beim An- oder Ausziehen etwa sollten Sie Ihr Baby anschauen, es ansprechen und ihm vielleicht erzählen, was Sie gerade tun. So werden Sie gedanklich ganz bei Ihrem Baby sein und Ihre Bewegungen mit seinen abstimmen. Ihr Baby kann sich auf das, was mit ihm geschieht, einstellen, auch wenn es anfangs den Inhalt Ihrer Worte noch nicht verstehen kann.

Berücksichtigung der individuellen Entwicklung

Jeder Tag seines Lebens wird Ihr Baby in seiner Entwicklung weiterbringen. Das Baby wird größer und schwerer, seine Organe reifen, das Nervensystem verzweigt und vernetzt sich. Gleichzeitig verändert sich das Baby durch Üben und Lernen. Die Umwelt und die Personen, mit denen das Baby seine Zeit verbringt, werden es in seiner Entwicklung beeinflussen. Aber auch das Kind selbst wird von Anfang an seine Entwicklung mitbestimmen – durch seine individuellen Anlagen und seine persönliche Art und Weise, auf die Welt zuzugehen und Eindrücke zu verarbeiten.

Die Entwicklung eines Babys wird einerseits von den mitgebrachten individuellen Anlagen und seinem Temperament, andererseits von seinen Mitmenschen und seiner Umwelt beeinflusst.

Gerade bei Zwillingen ist die individuelle Entwicklung der Babys offensichtlich und gut zu beobachten.

9

Wenn Sie Ihr Baby mit Gleichaltrigen vergleichen, werden Sie gewisse Ähnlichkeiten im Ablauf der Entwicklung im ersten Lebensjahr feststellen. So lernt jedes Baby zuerst, seinen Kopf sicher zu halten, ehe es sich aufrichtet, oder seine Hände vor dem Körper zusammenzubringen, ehe es nach Dingen greift.

Auf der anderen Seite werden Sie aber auch zahlreiche Unterschiede im Hinblick auf die Entwicklung entdecken können. Jedes Kind hat seine eigene Entwicklungsgeschichte und sein eigenes Entwicklungstempo. Das Temperament des Babys sowie das Temperament seiner Eltern und seine Umwelt beeinflussen nämlich den Verlauf seiner Entwicklung.

Gewöhnen Sie sich schon jetzt an, in Bezug auf die Entwicklung Ihres Kindes, seine individuelle Persönlichkeit zu erkennen.

Die nachfolgenden Informationen können deshalb nur Hinweise zum ungefähren Ablauf der Entwicklung im ersten Lebensjahr geben. Die jeweils beschriebenen Einzelheiten sollen Sie dazu anregen, Ihr Baby aufmerksam zu beobachten. Wenn Sie auch kleine Veränderungen bewusst wahrnehmen, werden Sie die individuelle Persönlichkeit Ihres Kindes erkennen und sich darüber freuen. Diese Freude bedeutet Lob und Bestätigung für das Kind und wird sich positiv auf seine Entwicklung auswirken.

»Entwickelt sich mein Baby richtig?« Diese Frage wird Sie wie viele andere junge Eltern oft beschäftigen, und doch kann Ihnen auch dieses Buch keine eindeutige Antwort darauf geben. Gerade im ersten Lebensjahr nämlich zeigen Kinder in der Entwicklung große Unterschiede, und es gibt viele Einflüsse, die hier zu berücksichtigen sind. Entwicklungsunterschiede können natürlich auch durch die Persönlichkeit des Kindes bedingt sein. Ein lebhaftes Kind entwickelt sich verständlicherweise anders als ein ruhiges Kind, das mehr schauen und beobachten möchte.

Nutzen Sie im Interesse Ihres Kindes die Vorsorgeuntersuchungen in seinen ersten Lebensjahren, um Entwicklungsrisiken von Anfang an so weit wie möglich ausschließen zu können. Wenn Sie Fragen oder Zweifel im Hinblick auf seine Entwicklung haben, sollten Sie sich an Ihren Kinderarzt oder Ihre Kinderärztin wenden und Ihre Besorgnis und Ihre Beobachtungen genau mitteilen.

Anregungen und Spiele

Es ist wichtig, dass Sie Ihrem Baby eine Umwelt schaffen, in der es sich wohl fühlt und die nötigen Anregungen erhält, um selbst aktiv zu werden. Das Baby braucht eine Umgebung zum Schauen und Betrachten, Dinge zum Greifen und Spielen und Menschen, die in seiner Nähe sind. Alle Eltern wollen ganz instinktiv mit ihrem Baby spielen. Sie wollen gemeinsam mit dem Baby etwas tun und miteinander Spaß daran haben. In einer entspannten Atmosphäre und ohne störende Belastungen von außen finden die meisten Eltern ganz von alleine Umgangsformen und Spiele, die ihrem Baby und auch ihnen selbst gut tun.

Das Baby sollte bei jedem Spiel mit den Eltern wach, ausgeruht und unternehmungslustig sein. Sie werden schnell herausfinden, was Ihrem Baby Spaß macht. Dabei können Sie ein Spiel Ihres Babys aufgreifen und verändern oder ihm neue Vorschläge machen. Unterstützung und liebevolle Herausforderung sollten Sie Ihrem Baby beim Spielen geben. Jedes Spiel, bei dem es das tun darf, was es kann, ist für das Baby befriedigend. Es wird seine Fähigkeiten üben, sie verfeinern und Neues dazulernen. Entscheidend ist nicht so sehr, was mit dem Baby gespielt wird, sondern wie mit ihm gespielt wird. Nehmen Sie sich genug Zeit zum Spielen, und wenden Sie sich dem Baby mit Ihrer ganzen Aufmerksamkeit zu. Das Spiel muß Ihnen beiden Spaß machen. Die Neugier und Entdeckungsfreude Ihres Kindes wird Sie anregen, mit ihm gemeinsam neue Spiele zu finden, so dass keine Langeweile aufkommen kann.

Das Baby muss nicht dauernd beschäftigt werden. Es braucht Zeiten, in denen es mit seinen Eltern oder Geschwistern schmusen oder spielen kann, und genauso braucht es Zeiten, in denen es mit sich allein ist. Wenn es ausgeruht und satt ist, wird es sich in einer anregenden Umgebung selbst seine Spiele suchen, seine Umgebung oder die eigenen Hände betrachten, mit seinen Füßen spielen, Laute erzeugen oder an seiner Kleidung zupfen. So wird Ihr Kind sich selbst und seine Möglichkeiten immer besser kennen lernen.

Das Wichtigste bei gemeinsamen Spielen von Eltern und Kind ist, dass beide gleich viel Spaß daran haben.

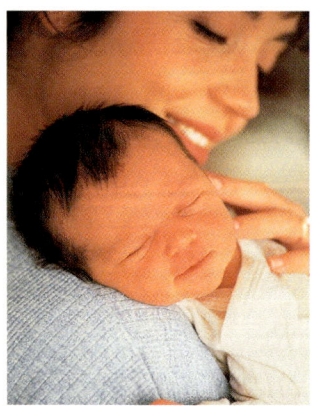

An den Körper der Mutter gelehnt, erfährt das Baby Schutz und Geborgenheit.

Die ersten drei Monate

Einander kennen lernen und vertraut werden

Die erste Zeit nach der Geburt bedeutet eine große Umstellung sowohl für das Baby als auch für seine Eltern. Der Tagesablauf, die Ernährung und die Pflege des Babys müssen sich einspielen. Das Baby kennt anfangs noch nicht einmal einen festen Tages- und Nachtrhythmus. Die ersten Wochen und Monate werden Sie benötigen, um Ihr Baby genauer kennen zu lernen. Und auch Ihr Baby muss mit Ihnen und der Art und Weise, wie Sie auf seine Wünsche und Bedürfnisse eingehen, erst vertraut werden.

Jedes Baby ist einzigartig

Sie werden erstaunt sein, wie sehr Ihr Baby von Anfang an eine eigenständige Persönlichkeit ist.

Babys sind von Geburt an unverwechselbare Persönlichkeiten und beeinflussen mit ihrem Wesen und ihrem Temperament ihre Umwelt. Das eine Baby ist eher ruhig, braucht viel Schlaf und ist leicht zufrieden zu stellen. Ein anderes Baby ist lebhaft, reagiert sehr stark auf Reize und fordert seine Eltern mehr. Wie viel Ruhe, Zuwendung oder Anregung Ihr Kleines jeweils braucht, werden Sie als Eltern in den nächsten Wochen und Monaten herausfinden.

Obwohl alle Babys die gleichen Grundbedürfnisse haben, unterscheiden sie sich doch im Hinblick auf die Stärke und Eindringlichkeit, mit der sie ihre Bedürfnisse äußern. Temperament und körperliche Statur eines Babys haben Einfluss auf sein Stimmvolumen und seine Stimmmelodie. Oft können Eltern bereits auf der Neugeborenenstation ihr Kind an seinem Schreien von den anderen Babys unterscheiden.

Alle Kinder aber brauchen für eine harmonische Entwicklung Menschen, die ihre Bedürfnisse befriedigen können. Neben ausreichender Pflege und Versorgung brauchen sie Kontakt und Zuwendung, eine anregende Umwelt und Bewegung. Besonders in der ersten Zeit ist es für Eltern wichtig, dass sie sich möglichst günstige Bedingungen für das Zusammensein mit dem Baby schaffen. Eile und Stress der Eltern sind dem Baby wenig bekömmlich.

Angeborene Fähigkeiten

Eltern haben die Fähigkeit, intuitiv auf ihr Neugeborenes zu reagieren. So werden auch Sie sich in den meisten Situationen mit dem Baby automatisch richtig verhalten, ohne lange darüber nachdenken zu müssen.

Fähigkeiten der Eltern

Wenn Sie Ihr Baby zum ersten Mal in den Arm nehmen und einen ersten Kontakt herstellen möchten, wählen Sie ganz selbstverständlich einen Augenabstand von ca. 25 Zentimetern. In dieser Entfernung kann das Neugeborene seine Eltern am besten wahrnehmen. Möchten Sie Ihr Baby dagegen nur in Ruhe betrachten, wählen Sie automatisch eine Entfernung von etwa 40 Zentimetern, so wie Sie es tun, wenn Sie eine Zeitung lesen. Dieser größere Abstand ermöglicht eine Ruhepause für die Augen des Babys.

Wenn sich Mutter und Kind in die Augen sehen und das Baby seinen Kopf zur Seite wendet, wird die Mutter mit dem Kopf folgen, um den Blickkontakt zum Baby zu halten. Die Mutter ahmt ganz intuitiv Laute, Mimik oder Gesten ihres Kindes nach. Sie wiederholt sein Gähnen, öffnet die Augen weit oder lächelt, wenn das Baby dies tut. Wenn das Baby trinken soll, öffnet die Mutter unbewusst ebenfalls ihren Mund. Auch in ihrer Sprache stellt sich die Mutter deutlich auf das Kind ein, indem sie ihre Stimmlage verändert und ausdrucksvoller und langsamer spricht. Diese besonderen Fähigkeiten, sich auf das Neugeborene einzulassen, zeigen auch Väter, Geschwisterkinder und andere Bezugspersonen. Somit sind der Vater oder andere Menschen ebenso in der Lage, ein Baby optimal zu versorgen.

Die Natur hat uns auch die Fähigkeit zum Elternsein in die Wiege gelegt. Vertrauen Sie also ruhig auf Ihre Intuition!

13

Fähigkeiten des Kindes

Auch Ihr Kind wird Ihnen von Anfang an helfen, Ihre Zuneigung zu entwickeln und zu verstärken. Das Aussehen des Babys, seine hohe Stirn, seine großen Augen, seine Stupsnase und seine offensichtliche Hilflosigkeit erwecken bei den Eltern ein Gefühl der Zuneigung. Schon das Neugeborene hat die Möglichkeit, sich durch Mimik, Gestik und Lautäußerungen auszudrücken und somit auf das Verhalten seiner Eltern Einfluss zu nehmen.

Je nachdem, wie Sie die Äußerungen Ihres Kindes deuten, werden Sie unterschiedlich darauf reagieren, um seine Bedürfnisse zu befriedigen. Das Baby wird Ihnen zurückmelden, ob Sie es richtig verstanden haben. Auf diese Art und Weise beeinflussen sich Eltern und Kind gegenseitig in ihrem Verhalten. Gut aufeinander abgestimmte Verhaltensweisen von Babys und Erwachsenen unterstützen und fördern ein Baby in seiner gesamten Entwicklung. Wissenschaftler betonen die Bedeutung des gelungenen Zwiegesprächs für die gesunde Entwicklung des Kindes.

Gerade im frühen Säuglingsalter des Kindes ermöglichen die angeborenen Fähigkeiten der Erwachsenen und des Babys einen optimalen Austausch.

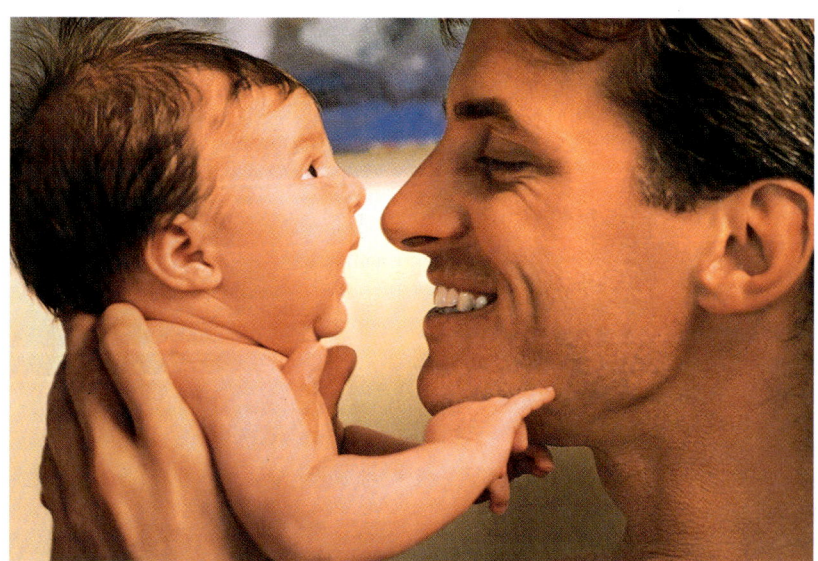

Um das Baby in seinen Bedürfnissen zu verstehen, müssen die Eltern ihm ihre volle Aufmerksamkeit schenken.

Die Bedürfnisse des Babys verstehen

Über Mimik, Gestik und Lautäußerungen drücken Babys eine Vielzahl von Gefühlen aus und geben damit den Eltern Informationen über ihre Bedürfnisse.

Die Verhaltensrepertoires der meisten Babys ähneln sich dabei, und wahrscheinlich können Sie auch bei Ihrem Kind die folgenden Verhaltensweisen beobachten:

- Zufriedenes Gurren bedeutet: »Mir geht es gut!«
- Wenn das Baby seine Augen weit geöffnet hat, möchte es Ihnen wahrscheinlich sagen: »Ich bin wach, komm, spiel mit mir!«
- Zusammengekniffene Augen oder Augenreiben können bedeuten: »Ich bin müde!«
- Heftige Arm- und Beinbewegungen können sowohl Freude als auch Unruhe ausdrücken.
- Durch Abwenden des Kopfes möchte das Baby Ihnen sagen: »Ich will nicht mehr, ich brauche jetzt meine Ruhe!«
- Durch Weinen gibt es Ihnen zu verstehen, dass etwas nicht in Ordnung ist: »Hilf mir, mir geht es nicht gut!«

Hunger oder Schmerzen lassen ein Baby kräftig und lang anhaltend schreien, bei Müdigkeit oder Unzufriedenheit dagegen jammert es eher. Man hört heraus, wenn es nach seiner Mutter ruft, um sich ihrer Nähe zu vergewissern.

Das seelische sowie das körperliche Wohlbefinden des Babys hängen davon ab, wie weit seine Bedürfnisse erkannt und befriedigt werden können. Dabei ist es vor allem in der Anfangszeit nicht immer leicht, die Wünsche und Bedürfnisse des Babys herauszufinden.

Manche Babys sind in ihren Verhaltensweisen gut lesbar und machen es ihren Eltern leicht, auf ihre Wünsche zu reagieren. Andere Babys können sich nicht so klar ausdrücken, und es ist schwerer, sie zu verstehen.

Einige Babys haben nach der Geburt größere Anpassungsschwierigkeiten. Sie sind weniger gut in der Lage, sich selbst wieder zu beruhigen, und weinen deshalb häufiger. Das Weinen löst bei den Eltern

Bereits nach einigen Wochen werden Sie aus dem Weinen Ihres Kindes genau heraushören können, was ihm gerade fehlt.

15

Stress aus, das Baby spürt dies und weint noch mehr. Lassen Sie sich nicht entmutigen, wenn Sie manches Mal den Kummer Ihres Babys nicht herausfinden oder die Ursachen nicht sofort beseitigen können. In diesen Situationen ist es wichtig für Ihr Baby, dass Sie ihm durch Ihre Nähe vermitteln: Ich bin für dich da! Das Baby fühlt sich dann nicht allein gelassen und entwickelt das Vertrauen, dass es sich auf Sie verlassen kann. Dieses Urvertrauen ist eine gute Grundlage für seine weitere Persönlichkeitsentwicklung.

… und unmittelbar darauf reagieren

Versuchen Sie als Eltern stets, sich in die Situation Ihres Babys einzufühlen, um so herauszufinden, was es benötigt. Überlegen Sie, was Sie für Ihr Baby tun können, und tun Sie das, wofür Sie sich entschieden haben, besonders in den ersten Lebensmonaten auch sofort. Es hilft dem Baby wenig, wenn Sie feststellen, dass es weint, weil es Hunger hat, dann aber entscheiden, es soll noch warten, bis seine Zeit gekommen ist. Kleine Babys können noch nicht warten. Sie leben in dem jeweiligen Augenblick und entwickeln erst im Laufe ihres Lebens ein Gefühl für die Zeit.

Eine gemeinsame Sprache finden

Das Kind wird in eine sprechende Umgebung hinein geboren und hört von Beginn an die Sprache seiner Eltern und Geschwister sowie anderer Personen.

Schon kurz nach der Geburt kann das Baby zwischen Sprachlauten und anderen Tönen und Geräuschen unterscheiden. Besonders interessiert es sich für den Ausdruck und Klang von Stimmen, und es bevorzugt dabei eindeutig die Stimme seiner Mutter.

Es schaut dabei interessiert und fasziniert auf die Mundbewegungen einer sprechenden Person, auch wenn die Wörter für das Baby inhaltlich noch ohne Bedeutung sind. Schon jetzt bemüht sich Ihr Baby, ansatzweise Mundstellungen und Töne nachzuahmen. Und bald

Auch wenn Sie die Sprache Ihres Babys einmal nicht verstehen: Das Wichtigste ist, dass Sie ihm zeigen: »Ich bin für dich da!«

Im Zusammenleben mit dem Baby ist jede Situation eine gute Gelegenheit, mit ihm zu sprechen – sich mit ihm zu unterhalten.

konzentriert es sich mehr und mehr auf die Laute, die es selbst hervorbringen kann. Wenn es zufrieden, satt und richtig ausgeschlafen ist, wird es fröhlich mit seiner Stimme experimentieren und sich selbst sehr gerne zuhören.

Sprache ist etwas spezifisch Menschliches und entwickelt sich hauptsächlich durch die Beziehungen der Menschen untereinander. Daher erlernt ein Baby die Sprache, indem es vom ersten Tag an soziale Erfahrungen machen kann. Die biologischen Voraussetzungen, um sprechen lernen zu können und Sprache zu verstehen, bringt das Baby mit auf die Welt.

Die Lautbildung und die Grundstruktur der Sprache sind biologisch vorgegeben. Durch seine geistigen Fähigkeiten vermag das Baby das Gesprochene mehr und mehr in einen Sinnzusammenhang zu bringen und erwirbt somit Sprachverständnis.

Es ist wichtig, wie Eltern mit ihrem Baby sprechen, denn dadurch erfährt das Kind Liebe, Fürsorge und Zuwendung, und diese braucht es, um gesund aufwachsen und sich entwickeln zu können. Eine gute Beziehung zu seinen Eltern ist daher die beste Sprachförderung für ein Kind.

Sprechen Sie möglichst häufig liebevoll mit Ihrem Baby. Auch wenn es noch nicht Wort für Wort versteht, helfen Sie ihm doch, Sprache allmählich in einen Sinnzusammenhang zu bringen.

Der Babytalk

Langsames, ausdrucksstarkes Sprechen in einer hohen Tonlage und mit übertriebener Sprachmelodie fesselt die Aufmerksamkeit des Babys. Vereinfachter Sprachausdruck mit sich ständig wiederholenden, gleichlautenden Worten sowie langen Pausen zur Strukturierung der Sprache entsprechen der Aufnahmefähigkeit eines kleinen Kindes. Auf diese Weise sprechen Menschen aller Kulturen mit ihren Babys. Diese Fähigkeit der Erwachsenen, sprachlich mit einem Baby umzugehen und seine Sprachentwicklung zu begleiten, ist angeboren. In der Fachsprache nennt man dieses Phänomen Babytalk. Babytalk, ein bedeutsamer Ausdruck des spontanen und unbewussten Elternverhaltens, wird vom Baby bevorzugt aufgenommen und für die erste Organisation der Sprache genutzt.

Durch die besondere Art der Eltern, mit dem Baby zu sprechen, wird ihm eine gute Lernsituation geschaffen. Die Eltern führen Situationen herbei, die es dem Baby ermöglichen, Zusammenhänge zwischen seinem Verhalten und der elterlichen Reaktion zu entdecken. Somit stellt der Babytalk nicht nur eine Hilfe für das Erlernen der Sprache dar, sondern ist vielmehr Ausdruck einer intensiven Eltern-Kind-Beziehung.

Sie können darauf vertrauen, dass Sie ganz unbewusst mit Ihrem Baby in dieser Weise sprechen und ihm somit eine gute Grundlage für den Erwerb der Sprache geben werden. Denn auch hier bringen Sie biologisch verankerte Verhaltensweisen mit, die optimal auf das Verhalten Ihres Kindes abgestimmt sind.

Der so genannte Babytalk mag für die Ohren Außenstehender vielleicht manchmal übertrieben klingen. Diese Sprechweise von Eltern ist jedoch genau auf die Bedürfnisse des Säuglings abgestimmt.

Die Entwicklung des Babys

Ein gesundes Kind ist schon als Neugeborenes neugierig und aufmerksam. Es kann fühlen, schmecken, riechen, hören und sehen. Seine Sinne sind von Anfang an aufnahmebereit, auch wenn es die Dinge noch nicht in der gleichen Weise sieht, wie wir Erwachsenen sie sehen.

Wache Sinne von Anfang an

Neugeborene und Säuglinge zeigen ein besonderes Interesse an menschlichen Gesichtern und an der menschlichen Stimme. Das Baby schaut sehr intensiv in die Augen der Mutter oder des Vaters und vermag den Blickkontakt aufrechtzuerhalten oder auch zu beenden. Es lauscht gespannt der Stimme der Eltern und lässt erkennen, dass ihm diese Töne bekannt sind. Im Laufe des ersten Lebensjahres wird es diese Fähigkeiten den sich ständig verändernden Bedingungen anpassen und verfeinern.

Babys verfügen bereits über einen sehr gut entwickelten Geruchssinn. Bereits wenige Tage nach der Geburt können sie über den Geruch die Milch der eigenen Mutter von der einer anderen unterscheiden. Sie bevorzugen deutlich die Milch ihrer eigenen Mutter. Darüber hinaus erkennen sie nach wenigen Wochen die Mutter an ihrem Körpergeruch. Auch Schmerz fühlt das Baby vom ersten Moment an. Es verzieht sein Gesicht, wendet sich ab oder weint, wenn ihm etwas unangenehm ist. Alle Sinneseindrücke des Säuglings müssen noch durch Lernen verknüpft werden und werden im Laufe des ersten Lebensjahres neu verarbeitet.

Alle Sinne des Babys sind vom ersten Tag an funktionsfähig. Ihr feines Zusammenspiel aber muss sich erst nach und nach entwickeln.

Das erste Lächeln

Bereits das Neugeborene vermag zu lächeln. Besonders wenn es schläft oder sich in einem Zustand zwischen Wachen und Schlafen befindet, zeigt es dieses noch unwillkürliche Lächeln. Doch auch das bewusste Anlachen, auf das sich die Eltern aller Babys so sehr freuen, lässt nicht lange auf sich warten. Denn schon nach wenigen Wochen erwidert das Baby die liebevolle Zuwendung und Ansprache durch seine Eltern mit einem ersten zaghaften Lächeln. Schon bald wird Lächeln zum festen Verhaltensrepertoire Ihres Säuglings gehören. Es ist eine typisch menschliche Verhaltensweise im sozialen Kontakt miteinander, die dem Baby die Zuwendung anderer Personen sichert.

Die Rückenlage

In der Rückenlage liegt das Neugeborene mit seitlich angewinkelten Armen und Beinen. Dabei ist der Rumpf leicht zu einer Seite hin gebogen. Das Baby kann also noch nicht gerade auf dem Rücken liegen, und sein Kopf wird noch nicht in der Mitte gehalten. Wenn das Baby strampelt, ist sein ganzer Körper in Bewegung. Seine Hände sind überwiegend zu Fäusten geformt, und es reagiert auf Berührung an den Händen mit Greifbewegungen der Finger. Dieser Greifreaktion lässt sich auch an seinen Zehen auslösen.

Nach einigen Wochen, wenn das Baby in der Lage ist, seinen Körper in der Mitte zu halten, gelingt es ihm immer häufiger, seine Arme und Beine vor dem Körper zu beugen. Es hält sein Gleichgewicht in der Rückenlage, und die ruhige Haltung ermöglicht ihm, seine Hände zu entdecken. Es fängt an, seine Finger vor dem Gesicht zu bewegen, sie intensiv zu betrachten und in den Mund zu stecken. So beginnt es, sich selbst wahrzunehmen und seinen Körper kennen zu lernen.

Wenn das Baby in der Bauchlage seinen Kopf hebt, macht es erste Erfahrungen mit der Schwerkraft.

Die Bauchlage

Das Baby liegt anfangs auf dem Bauch mit seitlich angewinkelten Armen. Es hat die Beine so stark gebeugt, dass der Po hochgehoben ist. In dieser Haltung legt es den Kopf abwechselnd nach beiden Seiten ab, um gut atmen zu können. Dabei kann es sich in dieser Lage noch nicht mit den Armen abstützen.

Bald schon sind die Babys angestrengt bemüht, den Kopf höher zu heben, da sie immer mehr von ihrer Umwelt sehen wollen. Zunehmend können sie den Kopf in der Mitte halten und sich kurz auf den Unterarmen abstützen. Die starke Beugung der Beine lässt nach, und somit kommt das Becken langsam der Unterlage näher.

Wenn Sie Ihrem Baby oft die Möglichkeit geben, auf dem Bauch zu liegen, wird es eine immer stabilere Bauchlage entwickeln. Es kann sich dann auf seinen Ellenbogen, die sich dabei auf Schulterhöhe befinden, abstützen, und sein Becken wird mehr und mehr die Unterlage berühren. Somit erreicht es eine sichere Lage, um seinen Kopf gut hochzuhalten. Dies ist eine wichtige Erfahrung für Ihr Baby. Zum einen lernt es eine gute Kopfkontrolle und kräftigt seine Schulter- und Armmuskulatur. Zum anderen aber verfügt es nun in der Bauchlage über eine gute Möglichkeit, seine Umwelt aus einer anderen Perspektive wahrzunehmen. Es schaut aktiv umher und dreht seinen Kopf zu interessanten Geräuschen oder beobachtet gespannt die Bewegungen der Menschen vor ihm.

Schlaf-wach-Rhythmus

Bereits im Mutterleib hat das Baby seinen eigenen Schlaf-wach-Rhythmus entwickelt. Diesen behält es während der ersten Lebenswochen bei. Dabei sind Schlafzeiten von zwei bis vier Stunden und kurze Wachzeiten dazwischen gleichmäßig über den Tag und die Nacht verteilt.

Nach und nach wird das Baby seine Schlafperioden mehr auf die Nacht und seine Wachperioden mehr auf den Tag einstellen. Der Erwerb eines regelmäßigen Schlaf-wach-Rhythmus wird durch einen Reifungsprozess im Gehirn gesteuert und verläuft daher, wie überhaupt jeder Entwicklungsprozess, bei jedem Kind anders.

Der tägliche Umgang mit dem Baby

Das Stillen oder die Flaschenernährung bedeutet für das Baby nicht nur Nahrungsaufnahme. Neben der Nahrung erhält es auch zärtliche Zuwendung und liebevolle Blicke der Mutter. In den häufigen Trinkpausen drückt sich ein fein abgestimmtes Zusammenspiel von Nahrungsaufnahme und Blickkontakt aus nächster Nähe aus. Das ist der Grund, warum die Mahlzeiten des Babys in den ersten Lebensmonaten so viel Zeit beanspruchen.

Gönnen Sie nicht nur Ihrem Baby, sondern auch sich selbst diese Zeit, und genießen Sie dabei den innigen Kontakt mit Ihrem Kind.

Ob das Baby gestillt wird oder die Flasche bekommt – genauso wichtig wie die Nahrung selbst ist die Wärme und Zuwendung, die Sie ihm dabei schenken.

21

Nach den Mahlzeiten ist das Baby oft besonders aufmerksam und aufnahmebereit. Es möchte mit seinen Eltern noch ein wenig schmusen, sprechen oder spielen und ist keinesfalls müde. Das Baby zeigt besonderes Interesse für Ihren Mund und Ihre Augen und genießt es, wenn Sie mit ihm sprechen und es streicheln.

Manche Babys bauen durch abendliches Schreien in den ersten Monaten übermäßige Spannung ab, die durch die vielfältigen Eindrücke des Tages entstanden ist.

Beruhigen und Trösten

Zu Beginn seines Lebens drückt das Baby sein Unwohlsein hauptsächlich durch Schreien aus. Vielerlei Gründe können dafür die Ursache sein: Es hat Hunger oder Blähungen, es hat eine nasse Windel und fühlt sich unwohl, es möchte nicht allein sein und will beschäftigt werden, oder es ist zu müde, um in den Schlaf zu finden. Oft gelingt es den Eltern, die Ursachen für das kindliche Schreien zu erkennen und zu beheben, doch oft können sie auch keine Erklärung für das Schreien ihres Babys finden.

Viele Babys reagieren sich hauptsächlich in den Abendstunden mit Schreien ab, weil sie die vielen Eindrücke des Tages nur schwer verarbeiten können. Dies ist besonders für die Eltern eine anstrengende und nervenaufreibende Zeit. Doch das Baby ist auf die Hilfe und Unterstützung der Eltern angewiesen. Es braucht den Trost und die Nähe seiner Eltern.

Es gibt viele Möglichkeiten, ein schreiendes Baby zu beruhigen, und Eltern brauchen eine Weile, um herauszufinden, worauf ihr Kind am besten anspricht. Die meisten Babys entspannen sich, wenn man sie auf dem Arm trägt und sie dabei schaukelt und wiegt. Zusätzlich können Sie zärtlich mit Ihrem Baby sprechen oder ihm ein ruhiges Wiegenlied vorsingen.

Nach neuesten Erkenntnissen schreien Kinder, die über den Tag verteilt regelmäßig getragen werden, weniger. Ebenso schlafen Kinder leichter ein und schreien weniger, wenn sich die Eltern in den Wachphasen mit ihnen beschäftigen und sie dabei selbst aktiv werden lassen. Es ist für Eltern wichtig zu wissen, dass sie durch ihr Verhalten die Schreiphasen ihres Babys aktiv vermindern können.

Häufiger Körperkontakt

Viele Male am Tag werden Sie Ihr Baby aufnehmen, es liebkosen, füttern oder pflegen. Es ist sehr angenehm für das Baby, wenn Sie sich hierfür Zeit lassen. Ihr Baby liebt es, Ihre Nähe zu spüren, genießt Ihre ruhigen Bewegungen und verlangt nach Ihrer zärtlichen Berührung und Ihrer freundlichen Ansprache. Nähe zum Kind bedeutet Zuwendung im wahrsten Sinne des Wortes: Sie wenden sich Ihrem Baby zu und schauen ihm in die Augen. Dabei wählen Sie eine Entfernung zum Kind, die ihm angenehm ist.

Bereits im Mutterleib wurde Ihr Baby geschaukelt und war stets mit Ihnen in Bewegung. Dieses Gefühl möchte es auch nach der Geburt weiter erleben. Beim Tragen an Ihrem Körper riecht das Baby Ihren Körpergeruch, es hört Ihre Stimme und Ihren Herzschlag. Außerdem spürt es die rhythmischen Bewegungen des elterlichen Körpers. Der enge Kontakt zu Ihnen gibt dem Kind ein Gefühl von Sicherheit und Geborgenheit. Für das Kind ist der Körperkontakt mit seinen Eltern so lebensnotwendig wie Nahrung und Pflege.

Aktives Getragenwerden

Schon wenn Sie Ihr Baby hochnehmen, können Sie es selbst aktiv werden lassen: Drehen Sie es noch im Liegen auf die Seite, und umfassen Sie es zum Hochnehmen fest und sicher mit beiden Händen am Rumpf. In dieser Lage kann das Baby von Anfang an seinen Kopf selbstständig halten. Wird es dagegen aus der Rückenlage hochgenommen, muss sein Kopf mit einer Hand gehalten werden.

Es gibt viele verschiedene Tragehaltungen für ein Baby. Schauen Sie einmal, wie die Oma oder Freunde Ihr Baby tragen, und Sie werden unterschiedliche Möglichkeiten, ein Kind zu tragen, kennen lernen. Sie können Ihr Kind so in Ihre Arme legen, dass es Sie anschauen kann. Dann können Sie mit ihm sprechen, während Sie es halten. Oder Sie tragen Ihr Baby auf dem Bauch liegend auf Ihren Armen. Diese Haltung kann Kinder mit Blähungen beruhigen, weil sie dabei

Ein Säugling kann gar nicht zu viel Körperkontakt bekommen. Ihr Baby wird Ihnen Ihre Zuwendung mit einem gesunden Selbstvertrauen und einer innigen Eltern-Kind-Beziehung danken.

Gehoben und getragen werden fördert beim Baby die Körperbeherrschung und die Entwicklung der Sinne.

Häufiges Tragen in verschiedenen Haltungen trainiert Gleichgewichtssinn und Körperkontrolle des Babys.

einen leichten Druck auf ihrem Bauch und die Körperwärme der Eltern spüren. Viele Babys werden besonders das Tragen in der aufrechten Haltung lieben. An Ihre Schulter gelehnt, mit einer Hand am Po, mit der anderen Hand am Rücken gestützt, schaut Ihr Baby Ihnen über die Schulter und kräftigt dabei seine Kopf- und Nackenmuskulatur. Ist es dagegen müde, wird es seinen Kopf auf Ihre Schulter legen und das sanfte Schaukeln genießen. Sie können Ihr Baby auch so vor sich tragen, dass es einen freien Blick in den Raum hat. Auf diese Weise haben Sie beide dieselbe Blickrichtung, und Sie können Ihrem Baby sein Zuhause zeigen.

Wenn Sie Ihr Baby immer wieder anders tragen, regen sie es an, sein Köpfchen in unterschiedlichen Lagen zu halten. Sie brauchen den Kopf nicht fortwährend zu stützen, und somit übt das Baby tagtäglich, seinen Kopf zu halten und seine Muskulatur zu kräftigen. Es wird angeregt, sich seinen Fähigkeiten entsprechend anzuklammern und durch ausgleichende Bewegungen mit Armen und Beinen selbst aktiv zu werden. Und auch Sie werden spüren, welche Trageweisen Ihrem Baby gefallen, und ebenso werden Sie erkennen, welche Tragehaltungen für Sie selbst angenehm sind.

Bewegungsfreiheit und Bewegungsfreude

Es macht dem Baby Spaß, sich zu bewegen. Über die Bewegung kann es seine Umwelt wahrnehmen und den eigenen Körper spüren. Jede Bewegung ist mit neuen Wahrnehmungen verbunden, und jede Wahrnehmung wird wieder durch Bewegung ausgedrückt. Die Durchblutung des Gehirns wird angeregt, und das Baby wird aufnahmefähiger.

Beim Wickeln oder Baden freut sich Ihr Baby, wenn es längere Zeit ohne einengende Kleidung und Windeln frei strampeln kann. Wenn Sie Ihr Baby in seiner körperlichen Entwicklung unterstützen möchten, sollten Sie ihm auch sonst möglichst oft Gelegenheit geben, sich frei zu bewegen. Die Unterlage sollte dabei nicht zu hart und nicht zu weich sein und alle Eigenbewegungen des Babys zulassen. Zu Anfang kann dies die Wickelauflage oder eine geeignete, saubere Matte auf dem Fußboden sein.

Damit das Baby genügend Bewegungsfreiheit hat, sollte es nackt sein. Bevor Sie ihm die Kleidung und die Windel ausziehen, muss der Raum besonders aufgewärmt werden. Der Platz vor der Heizung oder der Fußboden im Badezimmer sind geeignete Orte für das Baby.

In Rückenlage kann es dort nach Herzenslust strampeln. In den ersten Monaten wird es dabei nicht nur seine Arme oder Beine bewegen, sondern der ganze Körper wird in Bewegung geraten. Das Baby zeigt deutlich seine Freude an der Bewegung und wird dabei zwischen Bewegung und Ruhepausen wechseln. Wenn Sie bei ihm sind, wird es Sie anschauen, und wenn Sie dann mit ihm sprechen, wird es wieder heftig strampeln, so als möchte es Ihnen mit seinen Bewegungen antworten.

In der Bauchlage muss das Baby sein Gleichgewicht halten. Es wird sich auf seinen Unterarmen abstützen, und seine Beine machen dabei oft Kriechbewegungen. Daher dürfen Sie Ihr Baby, auch wenn es noch ganz klein ist, nie ohne Aufsicht auf dem Wickeltisch liegen lassen und müssen es vor dem Hinunterfallen schützen.

Räumen Sie Ihrem Baby Zeit ein, in der es nackt sein darf. Die meisten Babys genießen es sehr, endlich einmal völlig unbeengt strampeln zu dürfen.

Kontakt zu anderen Eltern und Babys

Das Leben mit einem Neugeborenen ist nicht immer leicht, und junge Eltern müssen sich auf ihre Elternrolle und das Familienleben erst einstellen. Sicher beschäftigen auch Sie viele Fragen rund um das Baby und Ihre Elternschaft. Deswegen sollten Sie möglichst früh Anschluss an eine Gruppe mit Eltern und Babys suchen, die sich in derselben Situation befinden. In diesen Gruppen kommen Sie mit anderen jungen Familien in Kontakt und können sich über Erfahrungen im Zusammenleben mit dem Baby und über Ihre neue Situation als Eltern austauschen. Im Gespräch mit den anderen Eltern bekommen Sie Informationen zur Entwicklung und Pflege des Babys und Ideen und Anregungen für das gemeinsame Spiel. Viele Familienbildungsstätten, Elternschulen, Familienzentren oder Hebammenpraxen bieten Eltern-Baby-Gruppen für das erste Lebensjahr an. Sicher gibt es auch in Ihrer Nähe eine Einrichtung mit einem solchen Angebot. Dabei möchten wir ganz speziell auf die Gruppen für junge Familien nach dem Prager-Eltern-Kind-Programm, genannt PEKiP-Gruppen, hinweisen.

Für viele Eltern-Kind-Gruppen, die in den ersten Lebenswochen des Kindes beginnen, muss man sich bereits einige Zeit vor der Geburt anmelden. Informieren Sie sich!

Das Prager-Eltern-Kind-Programm (PEKiP)

Das Prager-Eltern-Kind-Programm ist ein Angebot für Eltern mit Babys im ersten Lebensjahr. Die Eltern mit ihren Babys treffen sich ab der 4. bis 6. Lebenswoche des Kindes. Zu einer Gruppe gehören sechs bis acht Erwachsene mit ihrem Kind, und alle Babys sollten etwa im gleichen Alter sein. Die Gruppe trifft sich einmal wöchentlich für anderthalb Stunden und wird das gesamte erste Lebensjahr der Kinder über von einer besonders ausgebildeten PEKiP-Gruppenleiterin begleitet. Frei von allen sonstigen Verpflichtungen können die Eltern mit ihren Babys spielen und sich im Gespräch mit anderen jungen Eltern austauschen. Die Gruppe trifft sich in einem vorbereiteten, warmen Raum, der mit Matten ausgelegt ist. Eltern und Kinder spielen gemeinsam auf dem Boden. Die Babys werden dafür aus-

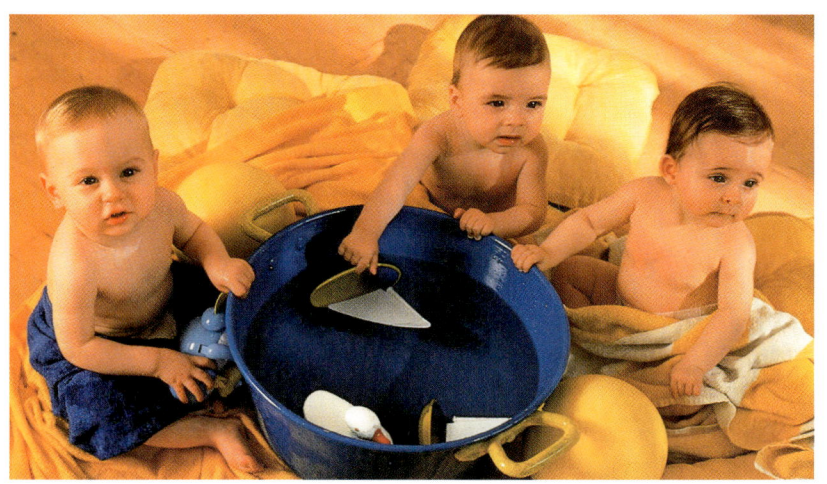

Gemeinsam spielen macht Spaß, und je mehr Bewegungsfreiheit ein Kind hat, umso förderlicher ist es für seine Entwicklung.

gezogen, denn nackt haben sie mehr Bewegungsfreiheit und bewegen sich spontaner und intensiver. Die Gruppenleiterin zeigt den Eltern dem jeweiligen Entwicklungsstand des Kindes entsprechende Spiel- und Bewegungsanregungen. Dabei wird besonderer Wert auf die Eigenaktivität des Babys gelegt. Wenn das Baby wach und aufmerksam ist, spielen die Eltern mit ihm. Wenn es müde ist, darf es schlafen, und wenn es hungrig ist, wird es gefüttert. So werden die Eltern unterstützt, sich an den individuellen Bedürfnissen ihres Kindes zu orientieren.

Mit fortschreitender Entwicklung interessieren sich die Babys mehr und mehr füreinander, erkennen sich wieder, haben Freude am Kontakt miteinander und regen sich gegenseitig zu Bewegungen an. Ebenso nehmen sie auch Kontakt zu den anderen Erwachsenen der Gruppe auf. Die Eltern haben die Möglichkeit, neben der Entwicklung des eigenen auch die anderer Kinder zu beobachten. Es wird deutlich, dass jedes Kind seinen eigenen Rhythmus hat, individuelle Verhaltensweisen zeigt und sich auf seine Weise entwickelt.

Auch die Erwachsenen haben Gelegenheit, in entspannter Atmosphäre miteinander ins Gespräch zu kommen. Sie tauschen ihre Erfahrungen über die Rolle als Eltern und die veränderte Alltags- und

Schon kleine Babys reagieren auf Gleichaltrige und andere Eltern und nehmen sie mit Interesse wahr.

Berufssituation aus. Im Austausch mit der Gruppenleiterin informieren sie sich über die Entwicklung und Erziehung ihres Kindes. So bieten die PEKiP-Gruppen für junge Familien eine Begleitung über das gesamte erste Lebensjahr und unterstützen das Einander-Kennen-Lernen und Vertrautwerden von Eltern und Babys.

PEKiP-Gruppen gehen in besonderem Maße auf die individuellen Entwicklungsunterschiede der Babys in der Gruppe ein.

Was ist das Prager-Eltern-Kind-Programm?

Das Prager-Eltern-Kind-Programm (PEKiP) wurde in den siebziger Jahren von Prof Dr. Christa und Prof. Dr. Hans Ruppelt und Mitarbeiterinnen entwickelt. Es geht in den angebotenen Spiel- und Bewegungsanregungen zurück auf den Psychologen Dr. Jaroslav Koch, der in den sechziger Jahren am Mutter-Kind-Institut in Prag arbeitete und forschte.

Das Prager-Eltern-Kind-Programm
◆ begleitet Eltern und Kinder in ihrer Entwicklung.
◆ unterstützt und vertieft die Eltern-Kind-Beziehung.
◆ bietet dem Baby seinem jeweiligen Entwicklungsstand entsprechend Spiel- und Bewegungsanregungen.
◆ gibt den Eltern Raum für Erfahrungsaustausch und Kontakte und ermöglicht den Babys Kontakte zu Gleichaltrigen.

Sollten Sie Interesse an einer Gruppe haben, gibt Ihnen der PEKiP e.V. gerne Auskunft, welche Einrichtungen in Ihrer Nähe PEKiP-Gruppen anbieten (Adresse siehe Seite 94).

Anregungen und Spiele

Ihr Baby liebt es, wenn Sie ihm Ihre ungeteilte Aufmerksamkeit schenken und mit ihm spielen. Die Spiele mit dem Kind sollten einfach sein und auf den Stand seiner Entwicklung abgestimmt werden, so dass es folgen kann.
Durch Wiederholungen werden ihm die Spiele vertraut, und es kann sich allmählich darauf einstellen. So gewinnt es Vertrauen in die El-

tern, und es zeigt mehr und mehr seine Freude an diesen gemeinsamen Spielen. Und seine strahlenden Augen werden auch für Sie zu einem beglückenden Erlebnis.

Streichel- und Schmusespiele

Alle Babys lieben es, wenn sie von ihren Eltern gestreichelt und liebkost werden. Dabei kann das Kind zum einen den eigenen Körper spüren und unterschiedliche Berührungen kennen lernen, zum anderen erfährt es Liebe und Zärtlichkeit von seinen Eltern. Streicheln Sie die Hände Ihres Babys, und Sie werden sehen, wie sie sich langsam öffnen. Berühren Sie einzeln die kleinen Finger, und streichen Sie sie bis zu den Fingerspitzen aus. Wenn Sie Ihren Finger in die Hand des Babys legen, wird es fest zugreifen. Streicheln oder massieren Sie die Füße des Babys. Seine Zehen werden sich dabei entspannen oder fest zusammenkrallen, je nachdem wo sie berührt werden. Küssen Sie die Finger oder Zehen Ihres Babys sanft. Berührungsspiele können auch durch durch einen gesprochenen Vers begleitet werden:

> Kinnewippchen,
> rote Lippchen,
> Stubbelnäschen,
> Augenbräuchen,
> zupf, zupf, zupf mein Härchen.

Beugen Sie sich bei diesem Spiel über Ihr Baby, und berühren Sie sanft die im Vers genannten Stellen in seinem Gesicht. Widmen Sie sich dabei ganz intensiv Ihrem Baby, und es wird im Gegenzug Ihr Bild mit all seinen Sinnen aufnehmen.
Das Baby möchte jedoch auch Ihre Haut fühlen. Es möchte schmusen und gestreichelt werden. Lassen Sie es Ihren Finger festhalten, Ihre Wange an seiner spüren oder es genießen, auf Ihrer nackten Brust zu liegen.

Schmusen Sie ausgiebig mit Ihrem Baby, und streicheln Sie seine weiche Haut. Ihre Berührungen helfen ihm, den eigenen Körper zu erfahren.

Tragespiele und Wiegenlieder

Von alters her werden kleinen Kindern beim Tragen und Wiegen ruhige Lieder vorgesungen. Diese Wiegenlieder beruhigen nicht nur die Kinder, sondern lassen auch die Eltern zur Ruhe kommen. Wiegen Sie sich und Ihr Baby dazu am besten sanft in einem Schaukelstuhl oder auf einem großen Gymnastikball hin und her.

Die Geburt eines Kindes ist ein guter Anlass, sich an Lieder und Verse aus der eigenen Kindheit wieder zu erinnern.

Schlaf, Kindlein, schlaf!
Der Vater hütet die Schaf.
Die Mutter schüttelt's Bäumelein.
Da fällt herab ein Träumelein.
Schlaf, Kindlein, schlaf!

oder:

Eia peia Wiegenstroh,
schläft mein Kind, dann bin ich froh.
Eia peia Wiegenstoß,
übers Jahr ist's Kindlein groß.

Schoßspiele

Wenn Sie Ihr Baby ganz nahe bei sich haben möchten, bieten sich Schoßspiele an. Setzen Sie sich dazu beispielsweise gemütlich auf den Boden, und legen Sie das Baby auf Ihre angewinkelten Beine, so dass sein Becken in Ihrem Schoß liegt, sein Kopf auf Ihren Oberschenkeln ruht und die Beine des Babys sich vor Ihrem Bauch befinden. So können Sie sich zu Ihrem Baby hinunterbeugen, zärtlich mit ihm sprechen und mit seinen Händen und Füßen spielen. Das Baby betrachtet aufmerksam Ihr Gesicht und verfolgt Ihre Bewegungen. Wenn Sie Ihre Beine leicht hin und her bewegen, wird das Baby sanft geschaukelt. Singen oder summen Sie dazu Ihre Lieblingsmelodie. Das Baby lauscht den Tönen und genießt Ihre Nähe.

Sprachspiele

Babys können schon früh Kontakte aufnehmen und beenden. Ein waches, ruhiges Baby ist besonders empfänglich für Anregungen. Wenn es die Augenbrauen hochzieht und dabei Augen und Mund weit öffnet, möchte es sich unterhalten.

Schauen Sie Ihr Baby an, und wählen Sie einen Abstand, in dem es Sie besonders gut erkennen kann. Begrüßen Sie es dann: »Hallo! Wo ist denn meine kleine Maus?« Ihr Baby wird Blickkontakt aufnehmen und Ihnen aufmerksam ins Gesicht schauen. »Ja, da ist ja mein Mäuschen!« Warten Sie die Antwort des Babys ab, bevor Sie sich ihm wieder mit eigenen Worten zuwenden. Ahmen Sie dabei Gesichtsausdruck und Mundstellung Ihres Babys nach, und sprechen Sie langsam und mit deutlicher Mimik. Auch »Guckguck – daaa ...« reicht bereits als sprachliche Anregung für Ihr Baby. Sie locken es mit den schneller gesprochenen Silben »Guckguck« und beantworten seine Reaktion mit der kurzen, in der Sprachmelodie abfallenden Silbe »daaa«. Sie können jedes »Gespräch« durch unterschiedliche Betonung oder verändertes Tempo variieren. Wenn Sie die Aufmerksamkeit Ihres Kindes erhalten möchten, werden Sie automatisch die Stimme heben, wenn Sie daegegen die Unterhaltung beenden möchten, die Stimme senken. Das Kind wird nicht so sehr Ihren Worten, sondern Ihrer Sprachmelodie lauschen. Wenn es das Gesicht abwendet, zeigt es deutlich, dass es das Zwiegespräch beenden möchte. Vertrauen Sie auf Ihre Fähigkeiten im Babytalk. Sie werden die passenden Wortspiele für Ihr Kind finden und Spaß an den ersten Gesprächen mit ihm haben.

Lassen Sie Ihr Kind bereits jetzt aktiv an Sprachspielen teilnehmen, und warten Sie seine Reaktion ab, bevor Sie sich ihm wieder mit eigenen Worten zuwenden.

Nachguckspiele

Bewegen Sie Ihr Gesicht vor dem Kind hin und her, sprechen Sie mit ihm, lächeln Sie es an, und Ihr Baby wird Ihnen nachschauen und zurücklächeln. Zeigen Sie ihm Ihre Hände, und bewegen Sie Ihre Finger. Der Blick Ihres Kindes wird Ihren Bewegungen aufmerksam folgen. Vielleicht summen Sie dazu eine kleine Melodie oder sprechen immer wieder die gleichen Worte. Egal was Sie Ihrem Baby sagen, es wird gespannt lauschen und seine Freude daran haben.

Sie können Ihrem Baby auch buntes Spielzeug zeigen, z. B. einen roten Ball oder eine einfache Rassel. Bewegen Sie dieses Spielzeug im Gesichtsfeld Ihres Kindes. Anfangs wird das Baby das Spielzeug mit den Blicken verfolgen, und später wird es seinen Kopf in unterschiedliche Richtungen bewegen. Dann sollten die Bewegungen der Eltern denen des Kindes angepasst werden. Wenn Ihr Baby das Spielzeug oder Ihr Gesicht aus seinem Blick verliert, bieten Sie es erneut an, und verlangsamen Sie dabei das Tempo Ihrer Bewegungen. Kleine Veränderungen wie Drehen des Spielzeugs und langsamere oder schnellere Bewegungen machen das Spiel abwechslungsreich und auch über längere Zeit interessant. Durch Wegschauen wird das Baby zeigen, wenn es ihm zu viel wird oder wenn es sich unbehaglich fühlt. Wenn Sie dieses Signal beachten und das Spiel unterbrechen, wird das Baby sich verstanden und nicht überfordert fühlen.

In Ruhe schauen

Genauso wie Anregungen und gemeinsames Spiel braucht das Baby auch Ruhe, Muße und Zeiten des Alleinseins, in denen es für sich in seinem Bettchen liegen und seine Umwelt betrachten kann.

Hängen Sie ein Spielzeug an die Seite des Kinderbetts. Das Baby kann direkt über ihm hängende Spielsachen noch nicht erkennen, da es seinen Kopf in der ersten Zeit auf der Seite ablegt. Ein Gegenstand mit unregelmäßiger Form und leuchtender Farbe erregt seine Aufmerksamkeit eher als ein regelmäßig geformter, heller.

Später, wenn Ihr Baby seinen Kopf immer mehr in der Mitte halten kann, können Sie über dem Kinderbett ein Mobile aufhängen. Sie sollten darauf achten, dass Ihr Baby nicht genau darunter liegt und dass Gegenstände für das Kind gut sichtbar sind. Es wird seine Augen darin üben, den bunten Gegenständen zu folgen, während sie sich drehen und hin- und herschwingen. Ein Mobile mit kontrast-

Manchmal möchte das Baby einfach nur daliegen und in aller Muße seine Umgebung betrachten. Schließlich ist alles noch so neu …

reichen Farben und Umrissen wird es länger und intensiver betrachten als ein sehr einfaches.

Auch eine über das Bett gespannte Schnur mit wenigen, gut daran befestigten Gegenständen weckt die Aufmerksamkeit Ihres Babys. Um das Interesse Ihres Kindes zu erhalten, können Sie die aufgehängten Gegenstände immer wieder auswechseln. So schlichte Dinge wie ein seidenes Tuch, ein kleiner Bär oder eine bunte Kugel wird es fasziniert anschauen.

Das Spiel mit den eigenen Händen

Eine wichtige Spielform für das Baby in diesem Alter ist neben dem Spiel mit seinen Eltern das Spiel mit seinen eigenen Händen. Dies ist das erste Spielverhalten, das ein Baby zeigt. Dabei sind in den ersten Monaten für gewöhnlich drei Verhaltensweisen bei Babys zu beobachten:

◆ Das Baby nimmt seine Hände in den Mund und saugt an seinen Fingern und Fäustchen. Es befühlt seine Hände mit der Zunge und mit seinen Lippen und spürt, wie seine Finger sich anfühlen, wenn sie sich bewegen.

◆ Das Baby betrachtet seine Hände intensiv. Anfangs wird es eher zufällig eine Hand vor sein Gesicht bringen, später dann gezielt die Hände führen und beobachten, wie die Finger sich bewegen und die Hände sich dabei öffnen und schließen.

◆ Das Baby betastet und befühlt mit der einen Hand die andere. So lernt es seine Hände nicht nur über den Mund und die Augen kennen, sondern auch durch gegenseitiges Berühren. Die Hände werden wechselseitig ergriffen und die Finger betastet.

Indem das Baby sich viel und in unterschiedlicher Weise mit seinen Händen beschäftigt, lernt es diese immer genauer kennen. Zugleich stellt das Spiel mit den Händen eine gute Vorbereitung auf das gezielte Greifen in den kommenden Monaten dar. Deshalb sollten Sie Ihrem Baby Ruhe gönnen und ihm die Zeit gewähren, diese wichtigen Erfahrungen mit seinen Händen machen zu können.

Was liegt näher als die eigenen Hände? Das Baby muss sie erst einmal gründlich kennen lernen, um später dann damit greifen zu können.

Der 4. bis 6. Monat

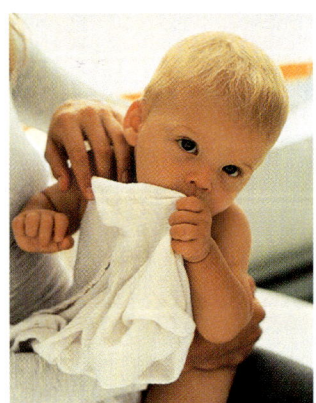

Nichts ist vor ihm sicher. Alles, was in seiner Reichweite liegt, wird in den Mund gesteckt.

Im zweiten Vierteljahr sind anfängliche Anpassungsschwierigkeiten von Eltern und Kind meist überwunden.

Sehen und Be-Greifen

Die nächste Zeit wird für Eltern und Kind sehr spannend werden, denn das Baby nimmt immer aktiver an seiner Umwelt teil. Es schaut nun hellwach und registriert alles, was rundherum geschieht. Die Zeiten des Schlaf- und Dämmerzustandes nehmen weiterhin ab, so dass das Baby jetzt fast so lange wach ist, wie es schläft. Dieses Verhältnis wird sich bis zum Ende des ersten Lebensjahres nur noch unwesentlich verändern. Durch seine aufmerksamen Blicke und seine sicherer werdenden Bewegungen wirkt es zunehmend interessierter an seiner Umwelt. Es möchte mit all seinen Sinnen am Leben der Erwachsenen teilhaben, alles genau ansehen und mit seinen Händen die Welt erforschen. Durch selbstständiges Probieren und Tun und durch Erfahrung im Umgang mit den Dingen nimmt nicht nur die Geschicklichkeit des Babys zu, sondern es lernt, seine Umwelt immer besser zu begreifen.

Das Zusammenleben hat sich eingespielt

Ihr Baby wird Sie jetzt immer deutlicher auffordern, mit ihm zu schmusen, zu sprechen oder zu spielen. Es kann seine Bedürfnisse schon eindringlicher äußern, und Sie kennen es jetzt schon sehr gut und wissen genauer, wie Sie darauf reagieren können. Wenn das Baby Ihre vertraute Stimme hört, wird es seinen Kopf in Ihre Richtung drehen, auch wenn es Sie nicht sehen kann. Es wird Ihnen mit dem Blick folgen, wenn Sie sich entfernen. Wenn es Sie erblickt, wird es Ihnen seine Arme entgegenstrecken. Sein Lächeln als Reaktion auf Ihr Gesicht und Ihre Stimme ist ein fester Bestandteil seines Verhaltens geworden.

Das Vertrauen stärken

Das Lächeln Ihres Kindes ist ein Zeichen für sein Wohlbefinden, und das Weinen Ihres Babys bedeutet Leid oder Wut.

Das Baby zeigt unmittelbar, was es fühlt. Es hat noch nicht gelernt, seine Gefühle zu verbergen oder zu verstellen, und es möchte in seinen Gefühlen ernst genommen werden. Wenn es ihm gut geht, wird es lachen und seine Freude zeigen, und es genießt Ihren Zuspruch und Ihre Bestätigung. Wenn das Baby weint, braucht es den Trost und den Schutz seiner Eltern. Auch im zweiten Vierteljahr braucht jedes Kind die Nähe seiner Eltern, denn nur so kann es sich sicher und geborgen fühlen.

Sie als Eltern sind die sichere Basis im Leben Ihres Kindes. Eine schöne, aber auch sehr verantwortungsvolle Aufgabe!

Zuverlässiges Verhalten der Eltern

Ihr Kind hat in den ersten Monaten bereits viele Erfahrungen gesammelt. Es weiß, wenn es hungrig ist, wird es etwas zu essen bekommen, und wenn es ausgeschlafen hat, wird seine Mutter kommen und es aufnehmen. Durch Anlachen, Gurren oder lebhafte Bewegungen kann es seine Mutter veranlassen, mit ihm zu spielen. Es kann also selbst etwas bewirken. Es kann auch am Gesichtsausdruck seiner Eltern ablesen, ob sein Verhalten Gefallen oder Missfallen auslöst, und erkennt allmählich, wie es eine Situation einzuschätzen hat. Wenn das Verhalten der Eltern konstant bleibt, macht das Baby die Erfahrung, dass es sich darauf verlassen kann. Da es allmählich Zusammenhänge begreift, baut es eine gewisse Vorstellung auf von dem, was passieren wird. So kann es sich auf bevorstehende Ereignisse einstellen. Und es lernt zu warten, da es sich an Zusammenhänge erinnern kann.

Ignoriert aber nun die Mutter plötzlich aus irgendeinem Grund die Aufforderung zum Spiel und ist ernst und verschlossen, so ist das Kind irritiert. Es weiß nicht, was es mit dieser Situation anfangen soll, und fängt unter Umständen an zu weinen. An diesem Beispiel wird deutlich, wie wichtig es ist, dass Erwachsene sich dem Kind gegenüber gleichbleibend verhalten. Das Baby muss sich auf das Verhalten seiner Eltern verlassen können. Nur so kann es Vertrauen in seine Eltern und auch in seine Umwelt und in sich selbst entwickeln. Ganz besonders muss sich das Baby darauf verlassen können, dass die Eltern auf sein Weinen reagieren. Untersuchungen haben gezeigt, dass die stetige Beachtung des Kindes sein Vertrauen stärkt und langfristig gesehen Weinen verringert, weil das Baby lernt, dass seine Eltern ihm helfen. Ein Baby schreien zu lassen, um ihm die Erfahrung zu vermitteln, dass es damit nichts bewirken kann, hilft nicht, Vertrauen aufzubauen. Wenn die Eltern in einer bestimmten Situation nicht auf das Baby eingehen können, sollten sie dies dem Baby deutlich zeigen. Ein klares »Nein, du musst noch etwas warten!« kann das Baby besser zuordnen, wenn es sich in anderen Situationen auf seine Eltern verlassen kann.

Förderung eines Kindes beschränkt sich nicht auf wenige Stunden am Tag, sondern äußert sich in einer positiven Einstellung dem Kind gegenüber.

Eine positive Grundhaltung

Wenn Sie Ihrem Baby vermitteln, dass es geliebt und so angenommen wird, wie es ist, kann es mit Vertrauen und Zuversicht zu einer Persönlichkeit heranwachsen und lernt, auch mit unangenehmen Situationen umzugehen. Eltern können nicht gleichbleibend fröhlich sein und auf ihr Baby stets angemessen reagieren. Auch Sie werden Zeiten haben, in denen Sie gestresst sind und es Ihnen schwer fällt, Ruhe und Gelassenheit auszustrahlen. Ihr Baby wird Sie in verschiedenen Situationen erleben: mal geduldig und aufmerksam, mal zerstreut und ungeduldig. Doch mit der Gewissheit, dass es geliebt wird, lernt Ihr Baby, sich auch auf diese Situationen einzustellen. Mit der positiven Einstellung ist eine Grundhaltung dem Baby gegenüber gemeint, die in allen Situationen mitschwingt. Eltern, die Wärme, Zuneigung und Geborgenheit ausstrahlen, vermitteln ihrem Baby, dass sie bemüht sind, für sein Wohlergehen zu sorgen und seine Bedürfnisse zu befriedigen. In dieser Atmosphäre fühlt sich das Baby in guten, aber auch in stressigen Zeiten angenommen und wird so das nötige Vertrauen aufbauen können.

Die Entwicklung des Babys

Wenn das Baby auf dem Rücken liegt, kann es seinen Kopf in der Mittelstellung halten. Es dreht seinen Kopf gezielt und vergrößert damit seinen Blickwinkel in alle Richtungen. Es bringt nun zunehmend seine Arme zur Körpermitte, und seine Beine sind dabei vor dem Körper gebeugt.

Nach und nach betastet es seine Oberschenkel und wird sich dann weiter nach unten arbeiten, bis es seine Füße entdeckt. So kräftigt das Baby bereits im Liegen seine Muskeln und sorgt schon jetzt dafür, dass es später einmal zu eigenständigem Sitzen gelangt.

Wird das Baby dagegen hingesetzt, befindet es sich in einer passiven Haltung. Um das Sitzen lernen zu können, muss das Baby selbst aktiv werden dürfen.

Die Bauchlage

In der Bauchlage versucht das Baby, den Kopf immer höher zu heben und seinen Oberkörper weiter aufzurichten. Dabei stützt es sich auf seinen Unterarmen ab. Bei Anstrengung sind die Hände des Babys in dieser Lage noch gefaustet. Wenn diese Haltung dann zunehmend leichter fällt, öffnet es seine Hände und kann so ein Spielzeug ergreifen, es drehen und wenden. Auf dem Bauch können die Kinder nun ruhig umherschauen und alles betrachten, da sie nicht mehr vorwiegend mit dem Gleichgewicht und der Kontrolle ihres Kopfes beschäftigt sind.

Erste Drehversuche und Schwimmbewegungen

Nach und nach wird Ihr Baby jetzt ausprobieren, wie es sich auf die Seite und vom Rücken auf den Bauch drehen kann. Das selbstständige Drehen vom Rücken auf den Bauch erfordert eine gute Körperkontrolle und ist ein wesentlicher Schritt in der Entwicklung zur eigenständigen Fortbewegung.

Nach den Händen entdecken Babys ihre Füße. Das Spiel mit den Füßen kräftigt die Rückenmuskeln. Diese Haltung ist bereits eine Vorübung zum Sitzen.

Oft werden Sie bei Ihrem Kind jetzt auch so genannte Schwimmbewegungen beobachten. Das Baby hebt in der Bauchlage Kopf, Brust, Arme und Beine gleichzeitig hoch und bewegt die Arme und Beine in der Luft. Dabei balanciert es seinen Körper auf dem Bauch. Einige Kinder probieren diese Schwimmbewegungen sehr häufig aus, andere nur gelegentlich. Bei manchen Kindern wird diese Phase sogar kaum bemerkbar sein. Je nach Temperament und Körperspannung testet ein Baby seine Beweglichkeit in unterschiedlichem Maße aus. Durch die Abfolge von Innehalten und Bewegung lernt das Kind, stehende und bewegte Bilder voneinander zu unterscheiden, und erfährt einen Zusammenhang zwischen der eigenen Bewegung und seiner Umgebung.

Mit Leichtigkeit balancieren Babys in einer bestimmten Entwicklungsphase ihren Körper auf dem Bauch und strecken dabei alle viere gleichzeitig in die Luft. Keine leichte Übung für Erwachsene …

Sehen und Hören

Die Hör- und Sehfähigkeit nimmt weiterhin zu. Das Kind reagiert jetzt besonders stark auf optische Reize. In dieser Phase ist zu beobachten wie das Baby seinen Kopf in die entsprechende Richtung dreht, wenn es etwas zu sehen oder zu hören gibt, und ist längere

Jede neue Bewegung ist ein Erfolgserlebnis und spornt das Baby zum weiteren Ausprobieren an.

Zeit damit beschäftigt, Sehen und Hören in Einklang zu bringen und für sich Zusammenhänge festzustellen. Durch die Verknüpfung der Sinne verändern sich seine Sinnesleistungen. Es verfolgt gespannt alles, was sich in seiner unmittelbaren Nähe bewegt oder Geräusche erzeugt. Es erkennt die Richtung, aus der die Stimme der Mutter kommt, und kann sich auf kommende Ereignisse einstellen.

Das Baby folgt Ihnen nun zunehmend mit den Augen und dreht seinen Kopf in die Richtung, aus der Ihre Stimme kommt.

Sehen und Greifen

Eltern können ihrem Baby nicht sagen, wie es einen Gegenstand ergreifen muss. Greifen wird auch nicht durch Nachahmung erlernt, sondern unterliegt im Wesentlichen einem biologischen Reifungsprozess. Bevor ein Baby greifen kann, muss es seine Hände entdeckt und kennen gelernt haben. Indem es sie in den Mund steckt, befühlt und betrachtet, werden wichtige Vorbereitungen zur Entwicklung des Greifens erfüllt. Wenn ein wenige Wochen altes Baby einen Gegenstand sieht, strampelt es heftig mit Armen und Beinen. Da es den Gegenstand noch nicht mit den Händen ergreifen kann, bringt es stattdessen seinen ganzen Körper in Bewegung.

Ab dem dritten Lebensmonat aber nehmen diese Bewegungen immer mehr ab. Die Bewegungen der Arme und Hände werden nun zunehmend vom Sehen gesteuert. Das, was das Baby sieht, will es auch ergreifen. Dieses Zusammenspiel von Augen und Händen stellt für das Baby einen wesentlichen Entwicklungsschritt dar.

Das Baby lernt, seine Hände bewusst zu öffnen und zu schließen, und vermag so, gezielt nach dem Finger der Eltern oder nach einem Spielzeug zu greifen. Die Gegenstände werden zuerst mit beiden Händen gefasst, betrachtet, hin- und herbewegt und genau erforscht. Später lernt es auch, die Dinge mit nur einer Hand zu greifen und das Spielzeug zwischen beiden Händen zu wechseln, ohne es zu verlieren. Seine Bewegungen haben immer weniger Zufallscharakter. Obwohl das Baby immer gezielter nach Gegenständen greift, werden seine Hände mit Sicherheit noch eine ganze Weile sein liebstes Spielzeug bleiben.

Für uns so selbstverständliche Handlungen wie das Greifen stellen für das Baby eine wichtige und komplexe Entwicklungsaufgabe dar.

Wie lernt ein Baby greifen?	Wie können die Eltern es dabei unterstützen?
◆ Hände überwiegend in Fausthaltung, Hände werden in den Mund gesteckt	Fäustchen streicheln, den eigenen Finger hineinlegen
◆ Hände häufiger geöffnet, Hände werden in den Mund gesteckt	Handflächen streicheln, kleine Dinge in die geöffnete Hand geben
◆ Betrachten und Zusammenführen der Hände, Spielzeug wird gehalten und zum Mund geführt	Gesicht und Hände der Eltern greifen und begreifen lassen, Spielzeug anbieten, damit das Baby es berühren oder danach schlagen kann, Dinge aus verschiedenen Materialien zum Greifen geben
◆ Spiel mit den Händen, Greifen nach Gegenständen, Dinge in beiden Händen halten, in den Mund stecken, Betrachten von Spielzeug in den Händen	Spielzeug anbieten, mit einer oder beiden Händen ergreifen lassen, Auswahl von Spielzeug unterschiedlicher Form und Beschaffenheit geben
◆ Gezieltes Greifen, sicheres Erfassen von Gegenständen in Bauchlage mit einer Hand, in Rückenlage mit beiden Händen, Greifen mit der ganzen Handfläche, Wechsel des Spielzeugs von Hand zu Hand	Kleine und große Dinge in unterschiedlichem Material anbieten, auf dem Rücken und auf dem Bauch Gegenstände zum Greifen geben
◆ Greifen mit der Handfläche, Beugebewegung aller Finger, Spielen mit Gegenständen: Wenden, Drehen, Drücken, Schlagen, Tasten, Halten von einem Gegenstand in jeder Hand	Jeder Hand einen Gegenstand anbieten, Dinge auswählen, die unterschiedliches Hantieren zulassen

Mit dem Mund begreifen

Das Erforschen von Gegenständen erfolgt nicht nur durch Sehen und Betasten, sondern auch stark über den Mund. Alles, was das Baby in die Finger bekommt, wird es zuerst einmal in den Mund stecken. Das hängt nicht damit zusammen, dass Ihr Kind eventuell Zähne bekommt, sondern dass der Mund im ersten Lebensjahr ein wichtiges Wahrnehmungsorgan ist. Über den Mund erhält das Kind zusätzliche Informationen über die Beschaffenheit der Dinge. Ist der Gegenstand warm oder kalt, ist er hart oder weich, rau oder glatt? Lassen Sie Ihr Baby diese Erfahrungen ungestört machen, denn es braucht sie für seine weitere Entwicklung. Übertriebene Reinlichkeit ist hier fehl am Platz. Es reicht vollkommen, wenn Sie die Dinge, die Ihr Baby öfter in den Mund steckt, ab und zu mit klarem Wasser ohne Zusätze reinigen.

Den eigenen Körper begreifen

Das Baby beginnt immer mehr, sich mit seinem eigenen Körper vertraut zu machen. Es erforscht seine Hände, saugt an seinen Fingern, betastet und ergreift eine Hand mit der anderen und verfolgt aufmerksam seine Handbewegungen. Es befühlt sein Gesicht, kratzt an unterschiedlichen Stellen und zupft an seiner Kleidung. Wenn es seine Beine anhebt, kann es seine Oberschenkel ertasten. Somit begreift es langsam seinen Körper und erfährt seine Grenzen.

Zusammenhänge erkennen

Aus dem Sehen und Ergreifen von Dingen wird ein Begreifen der Welt. Das Baby bemerkt, dass hängendes Spielzeug sich anders verhält als liegendes. Es stellt fest, dass es in der Rückenlage die Dinge anders greifen muss als in der Bauchlage. In der Rückenlage kann das Baby mit der Rassel gut spielen, aber sie kann ihm auch ins Gesicht fallen. In der Bauchlage werden Arme und Hände zum Stützen

Das Baby wird nicht müde, sich mit seinem eigenen Körper zu beschäftigen, und erfährt dabei die Grenzen zwischen sich und seiner Umwelt.

gebraucht, und es kann weniger gut damit hantieren. So macht das Kind im Spiel unterschiedliche Erfahrungen. Es begreift die verschiedenen Formen von Gegenständen und deren Beschaffenheit und erlernt, dass sie sich unterschiedlich verhalten. Eine Rassel muss geschüttelt werden, um Geräusche hervorzubringen, die Stoffpuppe muss gedrückt werden, wenn sie quietschen soll. So erkennt das Baby allmählich Zusammenhänge und begreift die Gesetzmäßigkeiten seiner Umwelt.

In dieser Phase der Sprachentwicklung reihen die meisten Babys immer dieselbe Silbe kettenartig aneinander.

Sprachentwicklung

Mit zunehmendem Alter entdeckt das Baby die Sprache immer mehr. Es reiht Silben aneinander, und diese Silbenketten verändert es dann in Tonhöhe und Lautstärke. Das Baby möchte mit seinen Eltern »sprechen«. Eltern sollten sich nicht scheuen, die Laute oder Wortgebilde ihres Kindes nachzuahmen, denn das bedeutet für das Kind Bestätigung und Anerkennung. Das Baby freut sich, wenn die Eltern ihm zuhören, da es Wichtiges zu sagen hat. Gleichzeitig hört das Baby seine eigenen Laute und deren Veränderungen durch die Erwachsenen. Es wiederholt sowohl die elterlichen Mundbewegungen als auch die Töne und lernt durch Beobachtung und Nachahmung, seine eigenen Laute zu verändern. In anderen Situationen werden die Eltern das Gespräch mit ihren Worten beginnen, und das Baby wird versuchen, diese Worte nachzuahmen. So entstehen die ersten längeren »Gespräche« zwischen Eltern und Kind, die dem Baby helfen, sprechen zu lernen und Sprache zu verstehen.

Vertrautes und Fremdes unterscheiden

Durch ständiges Zusammensein mit Eltern und Geschwistern, durch häufigen Blickkontakt und durch seine erhöhte Aufmerksamkeit gegenüber Personen hat das Baby sich die individuellen Gesichtszüge vertrauter Personen bereits gut eingeprägt. Es beginnt nun, Personen zu unterscheiden und zeigt auf einmal unterschiedliche Verhaltensweisen gegenüber vertrauten und weniger vertrauten Personen. Mutter und Vater oder die Geschwister werden freudiger begrüßt und häufiger angelacht als Personen, die fremd sind. Sein Spiel mit bekannten Personen hält auch länger an. Fremde Personen werden mit großen Augen angestaunt, und das Kind verhält sich eher passiv. Aus diesem Grund ist es in dieser Zeit oftmals auch so schwer, den zu Besuch kommenden Großeltern oder Freunden vorzuführen, was das Baby in der Zwischenzeit alles gelernt hat und schon alles kann.

Ihr Baby wird immer beweglicher, und Sie dürfen es nie ohne Aufsicht auf dem Wickeltisch oder Sofa liegen lassen.

Der tägliche Umgang mit dem Baby

Ihr Baby wird von Tag zu Tag munterer und mobiler. Es findet zunehmend seinen eigenen Schlaf-wach-Rhythmus, auf den Sie sich als Eltern langsam einstellen können. Sie können nun Ihren Tagesablauf wieder etwas besser planen, da Sie Ihr Baby und seine Gewohnheiten immer genauer kennen und verstehen.

Sicher im Schoß der Familie

Da die Beweglichkeit Ihres Kindes zugenommen hat, müssen Sie nun mehr Vorsicht walten lassen. Lassen Sie Ihr Baby keine Sekunde mehr aus den Augen, wenn es sich nicht an einem sicheren Ort befindet! Auch wenn es sich noch nicht drehen kann, sollten Sie es nicht unbeaufsichtigt auf dem Wickeltisch oder auf dem Sofa liegen lassen. Es könnte gerade in diesem Augenblick das erste Mal sein, dass seine Drehversuche gelingen, und dann würde es auf den Boden fallen. Sollten Sie es eilig haben oder schnell an die Wohnungstür gehen müssen, legen Sie Ihr Baby lieber auf dem Fußboden ab. Dort wird immer der sicherste Platz sein.
Beziehen Sie Ihr Baby immer mehr in Ihr Familienleben ein. Legen Sie es dort hin, wo es in Ihrer Nähe ist und Sie beobachten kann. So kann es rege am Familiengeschehen teilhaben.

Stimmungen annehmen

Das Baby beginnt beim Spielen zu erzählen und zu lächeln. Es wird seine Handlungen mit Lauten kommentieren und sich selbst intensiv zuhören. Ebenso zeigt es allmählich Widerstand oder Unmut beim Abgeben oder Verlieren von Gegenständen.

Angenehme Situationen wird das Baby mit Lächeln und freudigen Ausrufen begleiten. Unangenehme Situationen quittiert das Baby mit unzufriedenen Äußerungen oder Schreien. In dieser Situation wird dem Baby oft von seinen Eltern ein Schnuller zur Beruhigung angeboten. Das Baby will aber nicht beruhigt werden, sondern es möchte seinem Ärger Ausdruck geben dürfen.

Das Baby tragen

Getragenwerden wirkt auf die meisten Babys ausgesprochen beruhigend. Trotzdem sollten Sie Ihrem Rücken hin und wieder eine Pause gönnen!

Zeigen Sie Ihrem Baby seine Umwelt. Tragen Sie es auf dem Arm durch die Wohnung und betrachten Sie mit ihm Bilder, Blumen, Möbel und vieles mehr. Dabei können Sie Ihre Körperhaltung verändern. Schaukeln Sie langsam hin und her, oder beugen Sie sich mal weiter vor und mal weiter zurück. Das Baby muss dabei seine Lage verändern und sich Ihren Bewegungen anpassen. Dadurch werden all seine Sinne angeregt, und seine Fähigkeiten können sich weiterentwickeln.

Ihr Baby liebt es auch, wenn Sie mit ihm tanzen. Legen Sie Ihre Lieblingsmusik auf und bewegen Sie sich mit Ihrem Kind zum Takt der Musik. So wird der Gleichgewichtssinn des Babys angeregt, und es lernt, seinen Körper in den unterschiedlichen Lagen auszurichten.

Ein gutes Hilfsmittel, um ein Baby zu tragen, ist das Tragetuch. Das Kind erlebt Geborgenheit und Ruhe an Ihrem Körper. Es erfährt Nähe und Körperkontakt und gelangt durch die vertrauten Bewegungen zu innerer Ausgeglichenheit. Auch für Sie bedeutet das Tragetuch eine Hilfe. Sie haben beide Hände frei, um eventuell im Haushalt etwas zu erledigen oder ungestört Ihren Einkauf zu tätigen. Das fest gebundene Tragetuch stützt den Rücken des Babys

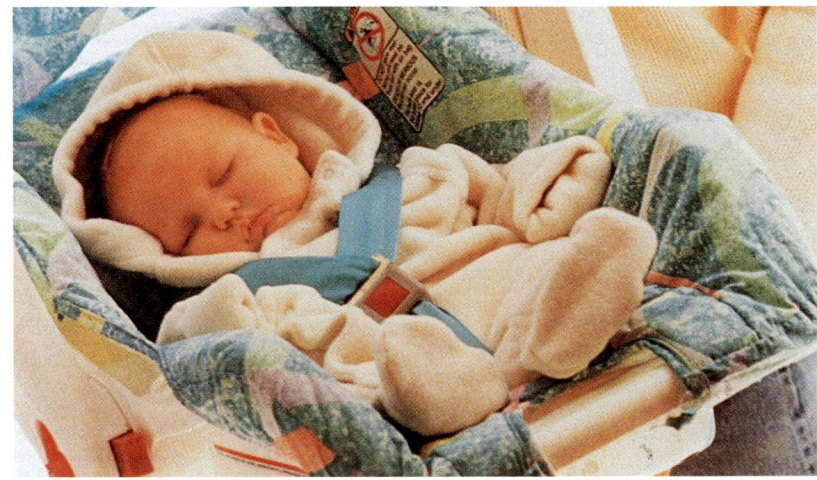

und stellt dadurch keine widernatürliche Belastung für seine Wirbelsäule dar, wie es oft bei anderen Babygeräten der Fall ist. Beim Kauf eines Tragetuches sollten Sie auf gute Qualität und schadstofffarme Bchandlung des Stoffes achten.

Vorsicht mit Babygeräten!

So genannte Babygeräte sind eine Erfindung der Erwachsenen. Wenn sie überlegt und nur kurzfristig eingesetzt werden, können sie dem Erwachsenen helfen, das Baby vorübergehend zufrieden zu stellen und sich selbst zu entlasten. Aus der Sicht des Babys ist eine Wippe oder ein Greifgestell (»Babytrainer«) eine starke Einengung, da es auf ganz bestimmte Bewegungsmuster festgelegt und in seiner Bewegungsfreude eingeschränkt wird. In der Wippe kann es nur nach vorne schauen, es kann sich nicht zur Seite drehen oder seine Beine anheben. Unter dem Greifgestell kann das Baby nur nach oben greifen, es kann die Dinge nicht in den Mund nehmen, und es kann sich nicht abwenden, wenn es nicht mehr schauen und greifen möchte. Außerdem verhindern Babygeräte Nähe und direkten Kontakt zu den Mitmenschen, und das Baby wird oftmals zu lange sich

Auch die erste Babyschale sollte wirklich nur beim Autofahren verwendet werden. Sorgen Sie bei längeren Fahrten auf jeden Fall für ausgiebige Bewegungspausen für das Baby.

selbst überlassen. Wenn Sie solche Geräte bereits besitzen, sollten Sie also genau überlegen, wann Sie sie verwenden, und die Zeit auf ein Minimum beschränken. Die gesunde körperliche Entwicklung Ihres Kindes wird es Ihnen danken.

Babykleidung und Bewegungsfreiheit

Um Entwicklungsschritte wie das Drehen vom Rücken auf den Bauch vollziehen zu können, braucht das Baby Bewegungsfreiheit. Nur durch vielfältiges Probieren und Üben nimmt seine Geschicklichkeit zu, und es lernt, seine Bewegungen immer genauer aufeinander abzustimmen. Die meisten Babys zeigen viel Ausdauer und Freude bei ihren Bewegungsübungen. Leider wird diese Bewegungsfreude jedoch oft durch enge Kleidungsstücke eingeschränkt. Babymode sieht in der Regel für Erwachsene »süß« aus. Aus der Sicht des Babys sind jedoch viele Kleidungsstücke einengend und behindern es in seiner Bewegungsfreude. Da das Baby im ersten Lebensjahr auch lernt, seinen Wärmehaushalt zu regulieren, darf es nicht ständig zu warm angezogen werden. Die Kleidung Ihres Kindes sollte ihm Bewegungsfreiheit lassen, sie darf nicht einengen und muss den Luftaustausch und die Wärme regulieren können.

Sie tun Ihrem Baby keinen Gefallen, wenn Sie es besonders modisch anziehen. Achten Sie lieber darauf, dass die Kleidung luftdurchlässig, aus Naturmaterialien und nicht chemisch behandelt ist.

Kontakte zu anderen Kindern

Schon früh ist das Baby in der Lage, auch zu anderen Kindern Kontakt aufzunehmen, wenn es von seinen Eltern in eine entsprechende Situation gebracht wird. Etwa ab dem dritten Lebensmonat schauen sich die Kinder intensiv an, lächeln einander zu und greifen nacheinander. Etwas später äußern die Kinder mit lautem Juchzen oder durch das Ausstrecken der Arme ihre Freude über das Zusammensein mit anderen Kindern. Sie beginnen, einander nachzuahmen, oder teilen gefühlsmäßig die Stimmungen der anderen. Auf besondere Weise ist den Babys bewusst, dass andere Kinder ihnen ähnlich sind. Sie spüren ihre Gleichartigkeit im Unterschied zu den Erwachsenen. Ermöglichen Sie also Ihrem Kind regelmäßigen Kontakt zu anderen Babys und auch älteren Kindern. Besonders in Gruppen nach dem Prager-Eltern-Kind-Programm haben Babys Kontakte zu Gleichaltrigen und erhalten durch das Zusammensein mit anderen Kindern viele zusätzliche Lernmöglichkeiten.

Anregungen und Spiele

Spielsachen helfen dem Kind, erste Erfahrungen im Umgang mit Gegenständen zu machen. Sie sind aber kein Ersatz für den Kontakt zu seinen Mitmenschen. Das erste Spielzeug für das Baby ist sein eigener Körper. Über Bewegung und Berührung, über das Spiel mit den Händen oder Füßen werden Empfindungen aufgenommen. Das Sammeln von Erfahrungen mit dem eigenen Körper ist eine lustvolle Betätigung des Babys während seiner wachen Zeit.

Die ersten Spielsachen

Wenn das Baby anfängt, nach Gegenständen zu greifen und sich damit auseinander zu setzen, sollten Größe und Form dieser Gegenstände der kindlichen Hand angepasst sein. Das Baby soll das Spielzeug gut halten und damit hantieren können.

Aufnehmende Spiele wie Hören und Schauen und tätige Spiele wie unterschiedliches Tasten, Drücken, Knautschen und Greifen sind die Spielformen im ersten Lebensjahr. Jedes Spiel ist für das Baby zugleich sinnliche Wahrnehmung und Bewegung, und jedes Spielzeug ist für das Kind auch Aufforderung zur Bewegung.

Gegen Ende des ersten Lebensjahres benötigt das Kind Spielzeug zum Bewegen, Spielzeug zum Hantieren und ebenso Spielzeug zum Hören und Betrachten oder zum Liebhaben.

Wenn die Eltern dem Baby auch Dinge aus ihrem täglichen Leben zum Greifen und Be-Greifen zur Verfügung stellen, genügen anfangs wenige Spielsachen, die zum Hören, Schauen, Tasten, Fühlen, Greifen und Hantieren anregen.

Sinnvolles Spielzeug für Ihr Kind muss nicht teuer sein. Und Verwandte und Freunde sind für einen Geschenktipp meistens dankbar.

Regelmäßige Spielzeit

Auch beim Spielen liebt das Baby, wenn es sich auf einen Zeitpunkt einstellen kann. Es wird dann Ihrer Spielstunde zu zweit erwartungsvoll entgegensehen.

Nehmen Sie sich täglich eine gewisse Zeit, um mit Ihrem Baby zu spielen. Da Sie nun seinen Schlaf-wach-Rhythmus kennen, können Sie eine Zeit wählen, in der Ihr Baby munter und aktiv ist. Sorgen Sie dafür, dass Sie in der Spielzeit möglichst ungestört mit Ihrem Baby zusammen sein können. Wenn Sie immer denselben Platz für Ihr gemeinsames Tun aufsuchen, wird das Baby diesen Ort schnell mit Ihnen und den Spielen in Verbindung bringen. Bald schon wird es freudig reagieren, wenn Sie sich mit ihm diesem Spielplatz nähern.

Lernen im Spiel

Im Spiel haben kleine Kinder vielfältige Möglichkeiten, ihre körperlichen, seelischen und geistigen Fähigkeiten zu entwickeln. Sie kennen noch keinen Unterschied zwischen Spielen und Lernen. Indem Ihr Baby seine Bewegungen im Spiel ständig wiederholt und in kleinen Schritten abwandelt, lernt es, diese Bewegungen zu kontrollieren. Es erprobt seine motorischen und geistigen Fähigkeiten und empfindet dabei Spaß und Freude. Ihr Baby wird lernen, wie es auf bestimmte Dinge Einfluss nehmen kann, und stellt Zusammenhänge von Ursache und Wirkung her. Im Spiel lernt Ihr Baby, Ereignisse erneut herbeizuführen und deren Abläufe vorherzusehen. Spielend erobert es sich so seine Umwelt. Indem Sie Ihr Baby zu Spielen wie den folgenden anregen und sich ihm als Spielpartner anbieten, wird es viele wichtige Lernschritte machen können.

Berührungsspiele

Tragen Sie zum Wohlbefinden und zur seelischen Gesundheit Ihres Babys bei, indem Sie beim Wickeln und vor oder nach dem Baden seinen nackten Körper streicheln. Berühren Sie seinen Kopf leicht, streichen Sie sanft über sein Gesicht, verweilen Sie mit den Handflächen auf seiner Brust, und gleiten Sie mit kreisenden Bewegungen über seinen Bauch. Die Arme und Beine des Babys können Sie von oben nach unten ausstreichen oder mit den Fingerspitzen leicht kreisend massieren. Babys mögen auch gerne an verschiedenen Stellen des Körpers geküsst werden und dabei Ihre Lippen und das Kitzeln Ihrer Haare spüren. Pusten Sie das Baby an, oder knabbern Sie mit dem Mund an seinen Fingerspitzen und Zehen. Seine Reaktion wird Ihnen zeigen, ob Ihre Berührungen entspannend und angenehm sind. Berücksichtigen Sie auf jeden Fall immer die persönlichen Vorlieben Ihres Kindes.

Besonders liebt das Baby in diesem Alter auch Berührungsspiele, die mit kleinen Versen oder Liedern einhergehen. Seine Erfahrung hat es bereits gelehrt, dass bestimmte Handlungen miteinander verknüpft sind, also ein ganz bestimmter Vers von einer festen Abfolge von Handbewegungen der Eltern begleitet wird. Die ersten Verse für das Baby sollten möglichst kurz sein, wie der folgende:

> *Kommt der Bär – der tappt schwer,*
> *kommt der Floh – der piekt ... sooo!*

Bei diesem Vers laufen zuerst zwei Ihrer Finger schwer wie ein Bär über den Körper Ihres Kindes, dann laufen die Finger leicht wie ein Floh und piksen das Kind zum Abschluss sanft in den Bauch.

Ihr Baby liebt es, zärtlich gestreichelt zu werden. So wird auch das tägliche An- und Ausziehen angenehmer.

49

Hand- und Fingerspiele

Das Kind lernt seinen Körper mit all seinen Teilen immer besser kennen. Die Hände, die es immer wieder ausgiebig betrachtet, sind dabei besonders wichtig. Es gibt viele althergebrachte Verse, zu denen ein Finger nach dem anderen angesprochen und berührt wird. Meist beginnen die Spiele beim Daumen und enden mit dem kleinen Finger, der eine Sonderstellung einnimmt.

Über die Fingerspiel-Verse, die Sie Ihrem Baby jetzt erstmals vorsprechen, wird es sich auch in einem Jahr noch freuen.

Das ist der Daumen,
der schüttelt die Pflaumen,
der hebt sie auf,
der trägt sie nach Haus,
und der kleine Schelm isst sie alle, alle auf.

Das ist die Mutter lieb und gut,
das ist der Vater mit dem frohen Mut,
das ist der Bruder stolz und groß,
das ist die Schwester mit dem Püppchen auf dem Schoß,
das ist das Kindelein, Kindelein klein,
das soll die ganze Familie sein!

Ihr Baby freut sich, wenn Sie seine Finger einzeln berühren und leicht daran zupfen. Es lernt bei diesen Spielen seine Hände besser kennen, seine Fingergeschicklichkeit wird angeregt, und gleichzeitig dienen die Spiele als Vorbereitung auf das Greifen.
Die Handfläche des Babys ist besonders sensibel, und es bereitet den meisten Kindern großes Vergnügen, dort berührt oder gekitzelt zu werden. Eine Reihe von Handspielen, die so genannten Handpatscher, greifen dies als Spielanregung auf.

Maler, Taler,
Kälbchen, Schwänzchen,
Diddel – diddel – dänzchen!

Bei diesem Spiel patschen Sie zuerst mit der ganzen Hand auf die Handfläche des Babys und kitzeln sie zum Schluss mit den Fingern. Anhand der Sprachmelodie und der Berührungsreihenfolge erkennt das Baby schon bald diese Spiele wieder. Es freut sich und wartet gespannt darauf, am Ende der Reime gestreichelt, gekitzelt oder leicht gepikst zu werden. Das Baby erfährt mit diesen Spielen Handlungsabläufe und Zusammenhänge von Ereignissen, und gleichzeitig wird seine sprachliche Entwicklung gefördert. All diese Reime und Verse sind so angelegt, dass das Baby die Struktur der Sprache immer besser verstehen lernt und Handlung und Sprache in einen Zusammenhang bringen kann.

Greifspiele

Da Ihr Baby nun seine Hände entdeckt und alles be-greifen möchte, sollten Sie ihm jetzt Spielzeug anbieten. Warten Sie geduldig, bis es seine Hände in die angestrebte Richtung streckt. Das Baby braucht Zeit, den angebotenen Reiz aufzunehmen und zu verarbeiten, damit es das Sehen mit dem Zufassen verbinden kann. Ermuntern Sie Ihr Baby freundlich, und freuen Sie sich mit ihm, wenn es immer gezielter nach einem Gegenstand greifen kann.

Wenn Ihr Baby den Gegenstand gefasst hat, sollten Sie es loben und den Gegenstand festhalten, während es ihn zu sich heranzieht. Dann ziehen Sie ihn wieder langsam zu sich, bis das Baby loslässt. Dieses Greifspiel können Sie so oft wiederholen, bis das Baby nicht mehr mag oder den Gegenstand selbstständig in seinen Händen halten und zum Mund führen will. Bieten Sie Gegenstände zu Anfang von der Seite her an, da das Baby erst mit der Zeit seinen Kopf in der Mitte halten und auch seine Hände zur Mitte bringen kann. Später können Sie Ihrem Baby Spielzeug von vorne, unten vor seinem Bauch oder oben etwas über dem Kopf anbieten.

So werden aus den anfänglichen Nachguckspielen nun Greifspiele, denn das Baby folgt dem Gegenstand erst mit den Augen, bevor es versucht, ihn zu ergreifen.

Greifspiele schulen die Handkontrolle und Fingergeschicklichkeit Ihres Babys.

Bieten Sie dem Baby verschiedene kleine Spielsachen an, die es gut ergreifen kann und die sehr unterschiedlich sind, z. B. einen Greifring, ein kleines weiches Tuch, ein geriffeltes Holzspielzeug und einen harten, eckigen Bauklotz. So lernt es unterschiedliche Formen und Materialien kennen und kann die Dinge auf ihre Beschaffenheit hin abtasten und Unterschiede feststellen. Wählen Sie manche Dinge so aus, dass Ihr Baby sie auch in den Mund stecken kann. Es will ja auch mit Zunge und Gaumen fühlen, tasten, schmecken und damit letztlich be-greifen.

Auch Sie möchte das Baby immer besser kennen lernen. Haut, Haare und Kleidung der Eltern bieten ihm viele Möglichkeiten zum Anfassen, Fühlen und Betasten. So können Sie dem Baby all das geben, was es an vielfältigen Erfahrungen zum Greifen braucht.

Begeben Sie sich öfter zu Ihrem Baby auf den Boden. So lernen Sie die Welt aus seiner Perspektive kennen.

Spiele in der Bauchlage

Legen Sie Ihr Baby in seinen Wach- und Spielphasen öfter mal auf den Bauch. Das fördert seine körperliche Entwicklung und seine Bemühungen, zum Krabbeln, Sitzen und Laufen zu kommen. Sollte Ihr Baby die Bauchlage nicht so gerne mögen, legen Sie sich vor ihm auf den Boden hin. Reden Sie ihm gut zu, und wecken Sie seine Aufmerksamkeit. Durch Ihre Nähe wird Ihr Baby motiviert, seinen Kopf zu heben und Sie anzuschauen. So wird es jedesmal etwas länger auf dem Bauch liegen bleiben und kräftigt damit seine Arm- und Schultermuskulatur. Bald braucht es sich nicht mehr so anzustrengen und wird daher in der Bauchlage auch zufriedener sein.

Auch das Ergreifen von Gegenständen in der Bauchlage wird dem Kind viele neue Informationen vermitteln. Es wird lernen, dass sich ein Gegenstand, den es vor sich auf dem Boden in den Händen hält, anders verhält als ein Gegenstand, den es in Rückenlage betrachtet. Wenn Sie das Spielzeug ein kleines Stück entfernt vor Ihr Baby oder leicht seitlich legen, wird es sich strecken, um das Spielzeug zu erreichen. Unterstützen Sie sein Bemühen, selbst an das Spielzeug zu gelangen, durch freundliche Ermunterung.

Bewegungsspiele

Gemeinsame Spiele am Körper der Eltern machen den Babys besonders viel Spaß. Wenn Sie im Bett, auf dem Sofa oder auf dem Boden liegen, können Sie sich Ihr Baby auf den Bauch legen und sich mit ihm vorsichtig hin und her rollen. Dabei kann das Baby einmal bäuchlings auf Ihnen liegen und einmal auf dem Rücken.

Setzen Sie sich mit angestellten Beinen auf den Boden, und legen Sie Ihr Baby mit dem Unterkörper in Ihren Schoß, sein Rücken ruht auf Ihren Oberschenkeln. Schaukeln Sie es mit Ihren Beinen leicht hin und her, und sprechen Sie langsam dazu:

Sanfte Schaukelbewegungen regen den Gleichgewichtssinn des Babys an und wirken zudem beruhigend.

> *Großer Bär und kleiner Bär*
> *Schaukeln immer hin und her.*
> *Hin und her! Hin und her!*

Wenn Sie Ihre Beine heben und senken, können Sie Ihr Baby im Schoß auf und ab wippen lassen. Ihr Baby wird Ihnen zeigen, wie schnell und wie ausladend Ihre Bewegungen sein dürfen.

Setzen Sie sich in den Schneidersitz, und legen Sie Ihr Baby in Ihre gekreuzten Beine. Sein Körper liegt sicher und warm in dieser Mulde, und es fühlt sich geborgen. Die Händchen können mit dem Mund, mit den Füßen oder mit einem Spielzeug spielen. So können Sie Ihr Kind gemütlich wiegen, indem Sie mit dem ganzen Körper oder nur mit Ihren Beinen schaukeln.

Wenn Sie mit ausgestreckten Beinen auf dem Fußboden sitzen, können Sie Ihr Baby mit dem Bauch quer über Ihre Oberschenkel legen. Dabei sollten Sie es gut festhalten und darauf achten, dass sich seine Arme vor Ihren Beinen befinden. Es kann so seine Hände nach vorne bringen und mit Gegenständen auf dem Boden spielen. Gleichzeitig wird in dieser Haltung die Abstützfunktion der Arme unterstützt. In dieser Position können Sie gemeinsam mit Ihrem Baby hin und her schaukeln oder in aller Ruhe ausführlich seinen Rücken und seine Arme und Beine streicheln.

Der 7. bis 9. Monat

Begeistert und voller Tatendrang beginnt das Kind, seine Umwelt eigenständig zu entdecken.

Sich-Bewegen und Entdecken

Nun macht sich Ihr Baby allmählich auf Entdeckungsreise. Es hat gelernt, seinen Körper immer besser zu beherrschen. So wird es erst rollend, dann robbend und vielleicht auch schon krabbelnd seine Umwelt erobern. Und Sie werden bemerken, dass bald nichts mehr vor Ihrem Kind sicher ist. Seine Neugier, sein Interesse an allen Dingen, die es umgeben, ist seine größte Antriebskraft. Ihr Baby braucht jetzt Raum zur freien Bewegung und Ihre Nähe und Unterstützung. Ihr Baby kommt ins Krabbelalter.

Unterschiede und Vorlieben

Es ist nicht so wichtig, wie schnell ein Baby einen gewissen Entwicklungsschritt erreicht, sondern dass es in seinem eigenen Tempo alle notwendigen Entwicklungsstufen durchmacht.

Babys bestimmen ihre Entwicklungsschritte selbst, und es ist unterschiedlich, wann sie etwa mit dem Krabbeln beginnen. Das eine Baby nimmt sich jetzt viel Zeit zum Schauen und Betrachten, das andere plappert viel und spielt aufmerksam mit seinen Händen, und wieder ein anderes Baby ist viel unterwegs, um den Raum zu erkunden. Trotz dieser Vorlieben und Unterschiede wird doch jedes Baby alle Entwicklungsschritte durchlaufen.

Es gibt Zeiten, in denen sich das Baby fast ausschließlich für seine Hände interessiert, und Zeiten, in denen es nur schauen oder plaudern möchte. Und dann wieder kommen Zeiten, wo es ununterbrochen probiert, wie sich im Raum fortbewegen kann. Dabei stellt das Kind manchmal eine seiner bereits erworbenen Fähigkeiten zurück, und oft meinen die Eltern, sie wäre verloren gegangen. Doch das scheint nur so, denn alle einmal erworbenen Fähigkeiten treten in veränderter Form zu anderen Zeitpunkten der Entwicklung wieder auf.

Erfolg und Enttäuschung

Das Baby entwickelt sich ständig weiter und stellt sich selbst immer wieder neue Aufgaben. Da jede neue Fähigkeit auf einer bereits erworbenen aufbaut, tritt jeweils die gut entwickelte Fähigkeit in den Hintergrund, und die aktuell zu erwerbende schiebt sich in den Vordergrund und muss geübt und verinnerlicht werden. Das Baby wird all sein Tun auf die Entwicklung dieser neuen Fähigkeit ausrichten und eine Ahnung von bestimmten Abläufen bekommen. Es entwickelt ein Gefühl für die Zeit danach und wird unzufrieden mit seiner momentanen Situation.

Lenken Sie Ihr Baby nicht immer gleich ab, wenn es unzufrieden ist. Unzufriedenheit kann es anspornen, etwas Neues auszuprobieren.

Das Baby wird ungeduldig

Die Unzufriedenheit des Kindes stellt jedoch eine gesunde Ausgangsbasis für neue Lernschritte dar. Ohne sie hätte das Baby keine Veranlassung zu einer Veränderung. Daher ist es sehr wichtig, dass das Kind selbst spürt, wann es für einen neuen Entwicklungsschritt reif ist. Durch seine Ungeduld zeigt es deutlich, dass etwas Neues passieren muss und dass es sich weiterentwickeln möchte. Hat das Baby einen neuen Lernschritt erreicht, wird es wieder eine Zeit der Zufriedenheit und Ausgeglichenheit erleben.

Misserfolge verarbeiten helfen

Oft erscheinen den Erwachsenen die Umwege, die das Baby macht, sehr mühsam. Sie wollen dem Baby helfen und ihm alle Schwierigkeiten abnehmen. Diese Hilfe ist meist überflüssig und nimmt dem Baby die Freude am Üben und die Freude am Erfolg. Das Kind muss seine eigenen Erfahrungen machen dürfen. Es muss lernen können, dass nicht immer alles auf Anhieb klappt. Um auch mit Frustgefühlen zurechtzukommen, braucht es Eltern, die ihm helfen, Misserfolge zu verarbeiten. Durch Lob und Anerkennung der kindlichen Bemühungen wird nicht der Erfolg, sondern der Weg zum Ziel belohnt.

Babys Pläne nicht durchkreuzen

Über die Möglichkeit, sich selbstständig fortzubewegen, kann das Baby den Raum erkunden und an neue, unbekannte Dinge gelangen. Dabei hat das Kind zunehmend einen Plan von dem, was es tun will, im Kopf. Wenn dieser Plan nicht sofort gelingt, kann es je nach Temperament auch einmal ärgerlich werden. Diese Misserfolge stellen eine notwendige Erfahrung dar, und wenn das Baby sich beruhigt hat, wird es wieder und wieder Neues ausprobieren, um sein Ziel zu erreichen. Eltern dürfen diesen Plan nicht stören. Wenn sie mit eigenen Vorstellungen die Pläne des Kindes durchkreuzen, wird es je nach Temperament mit Ärger oder Frustration reagieren. Das Kind in seiner Entwicklung zu fördern, heißt auch, ihm zuzugestehen, dass es eigene Wünsche und Zielvorstellungen hat, die des öfteren von denen seiner Eltern abweichen können.

Allmählich entwickelt das Baby eine Vorstellung von dem, was es möchte. Zum Schutz des Babys sind da Verbote schon manchmal notwendig.

Was heißt Verwöhnen?

Gerade im ersten Jahr verlangt ein Baby besonders viel Zeit und Hingabe, vor allem von der Mutter. Außenstehende sagen dann oft: »Du verwöhnst dein Kind viel zu sehr!« Liebevolle Zuwendung, Verständnis und Aufmerksamkeit, Trost und Zuspruch sind jedoch für die Persönlichkeitsentwicklung des Kindes außerordentlich wichtig und haben mit Verwöhnen nichts zu tun.

Manchmal fällt es Eltern allerdings schwer, ihrem Kind etwas zuzutrauen. Besorgt nehmen sie ihm alles ab und tun viele Dinge für das Kind, die es selbst tun möchte und auch schon tun kann. Es wird getragen, wenn es krabbeln will, Dinge, die es selbst erreichen könnte, werden ihm gebracht. Dadurch bekommt das Baby das Gefühl, dass es selbst nicht in der Lage ist, diese Dinge zu tun. Es wird seine Aktivitäten deshalb einschränken und wenig Vertrauen in die eigenen Fähigkeiten entwickeln. Es gewöhnt sich daran, dass es Eltern hat, die ihm alles abnehmen, und wird dann auch mit Geschrei darauf bestehen, dass sie das tun, was es möchte.

Das Fremdeln

In den ersten sechs Monaten konnte das Baby seine Eltern und andere Bezugspersonen kennen lernen und eine feste Beziehung zu ihnen entwickeln. Es kann jetzt gezielt nach seiner Mutter verlangen, möchte in ihrer Nähe spielen und wird ihr stets folgen. Eine Trennung ist für das Baby nicht verständlich und kann Reaktionen wie Protest oder sogar Verzweiflung und Trauer auslösen.

Um den achten Monat herum können die meisten Babys vertraute und fremde Personen unterscheiden. Fremde machen ihnen Angst, sie fremdeln. Je mehr sich eine fremde Person von den vertrauten unterscheidet, desto größer ist die Angst der Kinder, und sie werden sich abwenden oder sogar weinen.

Je nach Persönlichkeit und individuellen Erfahrungen wird jedes Baby diese Phase unterschiedlich erleben. Haben Sie Geduld mit Ihrem Kind, und nehmen Sie seine Ängste ernst. Es zeigt Ihnen ganz deutlich, wie sehr es Sie jetzt braucht. Je fester es sich dabei auf Sie verlassen kann, desto eher wird es sich auch wieder auf etwas Neues einlassen können.

Das Baby zeigt in diesem Alter häufig Angst gegenüber Fremden und empfindet Trauer bei der Trennung von vertrauten Personen.

Personen, die dem Baby nicht vertraut sind, oder auch neue Situationen können das Kind erst einmal verunsichern oder verängstigen.

Die Entwicklung des Babys

In der Rückenlage kann das Baby nun immer besser mit seinen Füßen spielen. So wird die Wirbelsäule gedehnt, und alle Muskeln, die es später zum Sitzen benötigt, werden gestärkt. In der Seitenlage kann es sich bereits auf einen Arm gestützt seitlich aufrichten und nähert sich so der eigentlichen Sitzhaltung. Bald kann das Kind sich dann eines Tages vom Rücken über die Seite in die Bauchlage bringen und sich drehend und rollend im Raum fortbewegen.

Bewegungsentwicklung

Das Krabbeln stellt in der kindlichen Entwicklung einen wichtigen Schritt in seiner Bewegungsfähigkeit dar.

Auf dem Bauch richtet sich das Baby zunehmend mit gestreckten Armen auf und reckt manchmal auch schon eine Hand nach oben, um einen Gegenstand zu erreichen. Außerdem versucht es in der Bauchlage, sich vorwärts zu drücken – und schiebt sich dabei zu seinem Ärger oft nur immer weiter zurück. Manche Babys probieren auch, sich über einen angewinkelten Arm vorwärts zu schieben oder mit Hilfe beider Ellbogen robbend fortzubewegen.

Nach und nach bringt das Baby die Beine unter den Körper. Dann schaukelt es im Vierfüßlerstand auf Händen und Knien und testet sein Gleichgewicht aus.

Nach neueren Untersuchungen ist die kindliche Bewegungsentwicklung bis zum koordinierten Krabbeln weit vielfältiger, als bisher angenommen wurde. Beim Krabbeln führen die Arme und Beine dann komplizierte Überkreuzbewegungen aus, die von großer Bedeutung für die Vernetzung der beiden Gehirnhälften sind. Deshalb ist es wichtig, dass Ihr Baby genügend Gelegenheiten zum Krabbeln hat.

Ihr Baby wird verschiedene Fortbewegungsarten ausprobieren. Wenn es schnell auf einen Gegenstand zugekrabbelt ist, wird es sich anschließend kurz hinsetzen, um ihn eingehend zu untersuchen. Erst wenn es sicher krabbeln kann, wird es auch länger sitzen können. Zum Ausruhen legt es sich auf den Bauch oder auf den Rücken und wechselt so zwischen aktiven und ruhigen Phasen ab.

Aus der Bauchlage zum Stehen

◆ Das Baby stützt sich auf dem Bauch liegend auf seinen Unterarmen ab und hält den Kopf aufrecht in der Mitte.

◆ Es liegt in der stabilen Bauchlage und stützt sich auf die durchgestreckten Arme und die geöffneten Hände.

◆ Es macht Schwimmbewegungen, indem es sein Gleichgewicht auf dem Bauch hält und Arme und Beine in der Luft bewegt.

◆ Es kann sich in der Bauchlage um seine eigene Achse drehen.

◆ Es robbt vorwärts, indem es sich über einen Arm schiebt oder zieht.

◆ Es kommt in den Vierfüßlerstand, lernt, sich auf Hände und Knie zu stützen, und macht Schaukelbewegungen.

◆ Es kann sich aus der Krabbelstellung heraus durch Gewichtsverlagerung und Abstützen mit den Armen über die Seite selbstständig hinsetzen.

◆ Es krabbelt koordiniert auf Händen und Knien.

◆ Es stellt ein Bein auf und versucht, sich hochzuziehen.

◆ Es steht, wenn es sich festhalten kann, auf beiden Füßen und hält sein Gleichgewicht.

Greifentwicklung

Indem das Baby seinen Aktionsradius durch zunehmenden Entdeckungsdrang und neu erworbene Fortbewegungsarten immer mehr erweitert, gelangt es zusehends auch an neue Gegenstände und Materialien. Dadurch macht das Kind auch in der Entwicklung des Greifens weitere Fortschritte. Es kann die Bewegungen seiner Hände jetzt so gut kontrollieren, dass es gezielt und ohne größere Umwege nach einem Spielzeug greifen kann, egal ob es sich über ihm befindet oder seitlich neben ihm hängt oder liegt. Es vermag mit nur einer Hand zu greifen, wobei der Gegenstand anfangs mit der ganzen Handfläche und dem gegenüberliegenden Daumen und später dann mit Daumen und Fingern gegriffen wird. Das Baby dreht und wendet die Gegenstände in seinen Händen, um sie zu betrachten, und wechselt sie von einer Hand in die andere.

Stehen und Gehen stehen am Ende einer Entwicklungsreihe, die mit der Geburt des Babys beginnt und sich durch das ganze erste Lebensjahr zieht.

Mit dem Erlernen des Greifens macht sich das Baby seine Umwelt und die darin befindlichen Gegenstände zu eigen.

Entwicklung der Handbewegungen im zweiten Lebenshalbjahr

- Zielgerichtetes Greifen, d. h. Greifen ohne Umwege
- Greifen mit beiden Händen, je ein Gegenstand in jeder Hand
- Fassen der Gegenstände mit den Fingern
- Fassen kleinerer Gegenstände mit den ersten drei Fingern
- Hand passt sich vorab der Beschaffenheit eines Gegenstandes an
- Greifen mit gestrecktem Daumen und Zeigefinger (Pinzettengriff)
- Hineingreifen in Gefäße (z. B. Tasse), Erkunden von Länge, Breite und Tiefe
- Interesse für Details, Finger werden einzeln gebraucht, der Zeigefinger kann vorgestreckt werden
- Greifen mit den Fingerspitzen, gekrümmte Finger (Zangengriff), getrennte Bewegungen der Hände

Wie spielt das Baby mit seinen Händen?

- Das Baby klopft und schlägt mit seinen Händen oder Gegenständen.
- Es versucht, Gegenstände gegeneinander zu schlagen.
- Mit allen Gegenständen wird geklopft, ohne Berücksichtigung der besonderen Eigenschaften.
- Das Baby wirft Gegenstände auf den Boden, schaut ihnen nach und sucht nach einem entfallenen Gegenstand.
- Die Dinge werden vom Baby unterschiedlich behandelt: Klopfen mit den Bausteinen, Quietschen mit der Stoffpuppe, Schütteln der Rassel.
- Es zeigt Interesse für hohle Gegenstände. Dinge werden ein- und ausgeräumt.
- Das Baby greift kleinste Gegenstände wie Fäden oder Krümel mit den Fingern.
- Der gestreckte Zeigefinger deutet auf Gegenstände oder wird in Öffnungen gesteckt. Das Baby probiert, Schlüssel abzuziehen und wieder ins Schloss zu stecken.
- Das Baby beobachtet und ahmt Handlungen von Personen nach, wie z. B. aus der Tasse trinken, mit dem Löffel essen, sich kämmen, telefonieren u. a.

Jedes Spiel regt das Kind zu neuen Erfahrungen an. Staunend werden Dinge entdeckt und beobachtet.

Entdecken und Erforschen

Spielen bedeutet in der kommenden Zeit für Ihr Baby nicht nur, dass es sich fortbewegen kann, es bedeutet gleichzeitig auch endloses Entdecken und Erforschen. Weil es seine Bewegungen immer besser beherrscht, kann das Baby seinen eigenen Körper durch Berühren und Betasten mehr und mehr erforschen. Es entdeckt seine Füße und spielt mit ihnen. Die Zehen werden betastet und untersucht, und die Füße werden in den Mund gesteckt. So entdeckt Ihr Baby, was zu ihm gehört, und bekommt ein deutlicheres Bild von sich selbst. Ihr Baby lernt im wahrsten Sinne des Wortes, sich selbst zu begreifen.

Das Baby betrachtet nicht nur konzentriert seinen Körper und die Gegenstände in seiner Nähe, sondern es beobachtet auch aufmerksam die Dinge in einiger Entfernung. Je nachdem, in welcher Position es sich dabei befindet, sehen die Gegenstände im Raum unterschiedlich aus. Wenn die Sonne in das Zimmer hereinscheint, verändern sich die Farben, und die Dinge erzeugen Schatten unterschiedlichster Formen. Je nachdem, ob sich das Baby beim Spiel

Nach und nach erkennt das Kind, dass Gegenstände je nach Bickwinkel oder Lichtverhältnissen unterschiedlich aussehen.

61

heftig bewegt oder ruhig liegt, wird der Teddy immer wieder anders ausschauen, auch wenn es derselbe Teddy bleibt. Liegt das Baby auf dem Rücken, wird es den Teddy ebenfalls anders wahrnehmen, als wenn es auf dem Bauch liegt.

Gespannt verfolgt das Baby auch, wie sich seine Eltern in der Wohnung bewegen. Es betrachtet sie aufmerksam aus der Nähe, schaut ihnen nach, wenn sie das Zimmer verlassen, oder beobachtet sie im Nebenraum durch die geöffnete Tür. Somit gewinnt das Kind immer wieder neue Erkenntnisse und erhält ein immer deutlicheres Bild von seiner Lebenswelt.

Sprachentwicklung

Babys zeigen je nach Plauderfreudigkeit und Temperament beträchtliche Unterschiede in ihrer Sprachentwicklung.

Das Baby wird weiterhin seine Spiele mit sprachlichen Lauten begleiten. Es übt fortlaufend bekannte Töne und reiht gleichlautende Silben aneinander. Es probiert die verschiedensten Laute und verändert sie in der Tonhöhe und der Lautstärke. Für Eltern ist es ein schönes Erlebnis, wenn ihr Baby plötzlich rhythmische Sprachklänge erzeugt. Natürlich möchte das Baby noch nichts konkret ausdrücken, sondern plaudert und erzählt zu seiner eigenen Freude und der seiner Eltern.

Doch bald wird es dazu übergehen, nicht mehr lange Silbenketten zu produzieren, sondern nur noch zwei gleiche Silben deutlich auszusprechen. Das Baby sagt klar und deutlich: »ma-ma, da-da, ba-ba«. Und damit erfüllt sich für die Eltern ein lang gehegter Wunsch: Sie hören diese Wortlaute als »Mama und Papa« und geben dem Gesprochenen des Babys einen Sinn.

Wenn das Baby die Begeisterung und den Stolz seiner Eltern erlebt und oft dieselben Laute aus dem Mund seiner Eltern hört, wird es diese ersten Wörter freudig wiederholen. Und dann dauert es nicht mehr lange, bis es einen Zusammenhang zwischen den Wörtern Mama und Papa und seinen Eltern herstellen kann und lernt, dass diese Wortlaute die Bezeichnung für die Eltern sind. Somit beginnt das Kind erstmals, Sprache zu verstehen.

Der tägliche Umgang mit dem Baby

Nun sollten Sie Ihre Wohnung kindersicher machen. Legen Sie sich einmal auf den Fußboden, und betrachten Sie alles mit den Augen Ihres Babys: Was würde mich als Baby neugierig machen, wo möchte ich herankommen, was wollte ich haben?
Krabbeln Sie auf allen vieren durch Ihre Wohnung und überlegen Sie, was Ihrem Kind gefährlich werden könnte. Steckdosen müssen gesichert, herunterhängende Tischdecken entfernt und Zerbrechliches muss höher gestellt werden. Erst dann kann Ihr Baby auf Entdeckungsreise gehen.

An- und Ausziehen

Den meisten Babys macht das tägliche An- und Ausziehen wenig Spaß. Einerseits fühlt das Baby sich wohl, wenn es nackt sein darf, andererseits wird es zum Anziehen auch oft beim Spielen unterbrochen. Insbesondere im Winter, wenn es dick angezogen werden muss, zeigt das Baby deutlich seinen Unmut. Hier können Eltern es sich und dem Baby einfacher machen, wenn sie das Anziehen mit passenden Worten begleiten.
So erfährt das Kind dabei Zuwendung und begreift durch die Ankündigungen die zu erwartende Situation. Wenn die Mutter dem Baby mitteilt: »Das ist dein linker Arm! Der kommt jetzt in den Ärmel!«, verdeutlicht sie ihm ihr Tun, und das Kind wird zur Mithilfe angeregt.

Immer wieder: Bewegungsfreiheit

Im Laufe der nächsten Wochen zeigt Ihr Baby immer mehr Freude an seinen eigenen Bewegungen. Auch wenn Sie es hochnehmen, tragen oder an Ihrem Körper spielen lassen, wird es großen Spaß haben. Diese Freude entsteht unter anderem aus dem Erlebnis, die Einwirkungen von Schwerkraft und Bewegung besser verarbeiten

Kein Baby lässt gerne Dinge einfach mit sich geschehen. Beziehen Sie Ihr Kind deshalb in alltägliche Verrichtungen wie An- und Ausziehen oder Waschen aktiv mit ein.

zu können. Werden die Bewegungen der Eltern jedoch zu stark oder kann das Kind die dabei entstehenden Empfindungen nicht in Einklang bringen, fängt es an zu weinen und braucht Ruhe und Zeit, um sich wieder zu orientieren.

Ihr Kind möchte immer in Bewegung sein. Es wurde bereits erwähnt, dass z. B. eine Wippe das Kind in seinem Bewegungsdrang einengt. Aus demselben Grund ist auch ein Laufstall in dieser wichtigen Entwicklungsphase wenig förderlich. Ein ständiger Aufenthalt in einer Wippe oder in einem Laufstall ist für das Baby sehr einschränkend. Aus der Sicht der Erwachsenen kann der Laufstall für die Sicherheit des Kindes allerdings in bestimmten Situationen notwendig sein, wenn Sie z. B. Hausarbeiten wie Fensterputzen verrichten.

Leider müssen Sie dem Bewegungsdrang Ihres Kindes manchmal aus Sicherheitsgründen Grenzen setzen.

An die frische Luft gehen

Ihr Baby liebt es, wenn Sie mit ihm hinausgehen. Zeigen Sie ihm Bäume, Blätter und Blumen. Es genießt die Sonne, spürt den Wind und lauscht dem Singen der Vögel. Schön ist es, wenn Sie Ihr Kind im Tragetuch mitnehmen. Im Hüftsitz an Ihrem Körper kann es seinen Kopf nach allen Seiten drehen. Im Kinderwagen dagegen wird es jetzt oft ungeduldig und quengelig. Solange Ihr Baby übrigens nicht selbstständig sitzen kann, sollten Sie nicht das Rückenteil im Kinderwagen hochstellen und Ihr Baby aufrecht hinsetzen. Dies würde seine Wirbelsäule nur unnötig belasten. Das Tragetuch bietet hier eine gute Alternative. Es stützt den kindlichen Rücken und fordert das Baby zum aktiven Mitbewegen auf.

Kontakt zu anderen Kindern

Haben Sie schon bemerkt, wie fasziniert Ihr Baby auf Gleichaltrige reagiert oder wie herzlich es über die Späße älterer Kinder lacht? Babys zeigen bereits frühzeitig Interesse an anderen Babys und nehmen im Rahmen ihrer Möglichkeiten Kontakt zueinander auf. Wie Untersuchungen aus Eltern-Kind-Gruppen, insbesondere PEKiP-

Mit den Eltern spazieren gehen und viel Bewegung an der frischen Luft haben, ist für Babys ein spannendes Abenteuer.

Gruppen, bestätigen, schauen sie einander an, strecken sich ihre Arme entgegen und berühren sich. Babys beobachten, wie andere Babys ein Spielzeug bewegen, bieten ein Spielzeug an oder bewegen gemeinsam ein Spielzeug. Sie bewegen sich aufeinander zu oder spielen gerne in der Nähe von anderen Kindern. Sie nehmen gefühlsmäßige Beziehungen zueinander auf und können durch Beobachten und Nachmachen schon voneinander lernen. Diese Verhaltensweisen können Babys nur dann zeigen, wenn sie oft zusammen sind und wenn die Eltern dabei in ihrer Nähe sind. Vielerlei Kontakte, insbesondere auch zu anderen Babys und Kindern, fördern das soziale Verhalten Ihres Kindes.

Anregungen und Spiele

Da das Baby im Spiel vor allem seine Umwelt erkundet, ist jeder zu erkundende Gegenstand für das Kind gleichzeitig ein Spielzeug. Eltern sollten darauf achten, dass das Spielzeug für das Baby groß genug ist, damit es nicht verschluckt werden kann. Einzelteile müssen fest miteinander verbunden sein. Das Spielzeug soll farbecht sein und darf keine giftigen Bestandteile enthalten.

Schon sehr früh zeigen Babys ein reges Interesse für Gleichaltrige und ältere Kinder. Besonders einem Einzelkind sollten Sie deshalb Kontakte zu anderen Kindern ermöglichen.

Sinnvolles Spielzeug

Das Kind braucht jetzt Dinge, die es gut halten kann, mit denen es hantieren und besondere Effekte hervorrufen kann. Es liebt Dinge zum Betrachten und Hören und weiche Schmusetiere zum Kuscheln. Ebenso gerne spielt das Kind jetzt zunehmend mit den Dingen, die Sie im Haushalt benutzen, z. B. Becher, Holzlöffel oder andere nicht scharfkantige oder zu kleine Gegenstände.

Mit den unterschiedlichen Dingen wird das Kind seine Fingerfertigkeit üben und allmählich seine Umwelt begreifen. Das Kind benötigt Materialien und Gegenstände zum Erforschen und Eltern, die es im Spiel begleiten und die zulassen, dass das Kind diese Erfahrungen sammeln kann.

Stellen Sie Ihrem Kind Spielzeug und ungefährliche Alltagsgegenstände aus verschiedenem Material und in unterschiedlichen Formen und Größen zur Verfügung.

Auf dem Boden spielen

Legen Sie Ihr Baby viel auf den warmen Fußboden. Auf einer großen Decke hat es genügend Bewegungsfreiheit und ist gleichzeitig vor dem Herunterfallen geschützt, denn es wird sich immerfort bewegen und in Aktion sein.

Wenn Sie sich mit auf den Fußboden begeben, werden Sie zum liebsten Spielzeug Ihres Kindes. Das Baby wird versuchen, über Sie hinwegzukrabbeln oder sich an Ihnen hochzuziehen. An Ihrem Körper wird es seine Bewegungsmöglichkeiten und seine Stützreaktionen ausprobieren, und Sie können, wenn es sein muss, ein wenig Hilfestellung geben.

Bieten Sie Ihrem Baby in der Bauchlage ein Spielzeug in einiger Entfernung an. Ihr Kind wird sich danach strecken und versuchen, es zu erreichen. Wenn Sie ihm mit Ihren Händen an den Füßen einen Widerstand geben, drückt es sich kräftig ab und kommt so ein Stückchen weit nach vorne. Das macht Ihrem Baby Spaß und vermittelt ihm ein Erfolgserlebnis. Und zusätzlich wird es eine Ahnung davon bekommen, wie es seine Bewegungen nach vorne ausrichten kann.

Ballspiele

Kinder jeden Alters lieben Bälle. Bälle in unterschiedlichen Größen und Farben motivieren Babys immer aufs Neue, sich zu bewegen. Kleine Bälle können in die Hand genommen werden und lassen sich gut betasten und befühlen. Ob glatt oder rauh, hart oder weich – rund ist jeder Ball. Und wenn er aus der Hand kullert, rollt er davon. Diese rollende, sich immer wieder anders darstellende Bewegung übt eine magische Anziehungskraft auf Kinder aus. Kleine Babys beobachten fasziniert das kullernde Ding, ältere Babys bemühen sich, dem rollenden Etwas zu folgen, und versuchen angestrengt, es wieder einzufangen. Je geschickter das Kind in seinen Bewegungen wird, umso sicherer kann es dem rollenden Ball in verschiedene Richtungen folgen. Und schließlich wird es auch versuchen, selbst den Ball zu lenken.

Versteckspiele

Ihr Baby wird mit der Zeit lernen, dass Dinge, die man nicht mehr sieht, trotzdem noch vorhanden sind. Es ist begeistert, wenn Sie sich vor seinen Augen hinter einem Sessel verstecken und dann mit einem kleinen Ausruf wieder erscheinen.

Wenn Sie sein Lieblingsspielzeug vor ihm unter einem Tuch verstecken, wird Ihr Baby ganz gespannt das Tuch wegziehen und freudig sein Spielzeug wieder entdecken. Begleiten Sie das Spiel mit einfachen Worten: »Wo ist der Ball? Daaaa!«

Wenn Sie ein leicht durchsichtiges Tuch über Ihren Kopf oder den Ihres Kindes legen, wird es kurz innehalten und dann schnell das Tuch wieder fortnehmen. Rufen Sie dann noch »Kuckuck!« wird Ihr Kind mit fröhlichem Jauchzen reagieren. Ihr Baby lernt schnell, sich selbst das Tuch über den Kopf zu legen und es wieder herunterzuziehen. Wenn Sie dieses Versteckspiel immer wieder leicht verändern, wird es nicht langweilig, und Sie und Ihr Baby werden immer wieder Freude daran haben.

Alle Kinder spielen gerne »Kuckuck« – manchmal ausdauernder, als es den Eltern lieb ist.

Bald wird Ihr Baby Sie auffordern, diese Spiele zu wiederholen, und Sie werden bemerken, dass Ihr Baby oft viel mehr Ausdauer hat als Sie selbst. Erinnern Sie sich, dass Ihr Kind in der Lage ist, Dinge vorauszusehen, sich darauf einzustellen oder sie eigenständig zu planen. Deshalb reagiert es ärgerlich, wenn Sie das Spiel zu früh unterbrechen oder beenden.

Sing- und Bewegungsspiele

Spiele, bei denen einfache Melodien und Verse mit Bewegungen verbunden werden, sind für das Baby besonders einprägsam.

Ihr Baby liebt es, wenn Sie ihm etwas vorsingen. Einfache Melodien mit immer wiederkehrenden Reimen wecken seine Aufmerksamkeit. In den Liedern können Sie einzelne Worte mit Bewegungen verbinden. Diese prägen sich Ihrem Kind schnell ein und vermehren den Spaß. Über die Bewegung kann Ihr Baby an dem Spiel teilhaben. Insbesondere Reime, bei denen die Körperteile benannt und zugleich angefasst oder gestreichelt werden, gehören bald zu den Lieblingsspielen Ihres Babys.

> Wo ist der Arm? Fassen wir ihn an.
> Wollen mal sehn, ob man ihn streicheln kann.
> Streicheln, streicheln, wollen wir den Arm!
> Streicheln, streicheln wollen wir ihn zusammen!

Diese Spiele machen dem Kind viel Spaß und fördern zugleich seine sprachliche Entwicklung. Es lernt auch, dass ganz besondere Wortklänge mit bestimmten Dingen verbunden sind. So erlebt es, dass jedes Ding in der Welt einen Namen hat. Verbunden mit den Bewegungen seines Körpers erfährt das Kind sich selbst und seine Grenzen. Ebenso liebt das Baby nun Kniereiterspiele. Lassen Sie Ihr Baby auf Ihren Knien sitzend auf- und abwippen. Manche Babys mögen jetzt bereits schon ein eher wildes Reiten, andere möchten lieber ruhig geschaukelt werden. Richten Sie sich hier ganz nach den Vorlieben und dem Temperament Ihres Kindes. Und begleiten Sie diese Bewegungsspiele mit einfachen Reimen, wie z. B. dem folgenden:

Hoppe, hoppe, Reiter,
wenn er fällt, dann schreit er.
Fällt er in den Graben,
freuen sich die Raben.
Fällt er in den Sumpf,
dann macht der Reiter ... plumps!

Auch Kniereiterspiele sind gleichzeitig Sprachspiele für Ihr Baby. Es hat Freude an den gleichklingenden Reimen und erfährt durch den sprachlichen Aufbau die steigende Spannung innerhalb des Spiels. Das Baby kann oft gar nicht abwarten, bis am Ende des Reimes durch das Herunterplumpsen die Spannung aufgelöst wird. Oft wirft das Baby sich schon vorher hintenüber. Gerade bei jüngeren Babys wäre es an dieser Stelle wichtig, dass die Eltern das Spiel abkürzen. *Hoppe, hoppe, Reiter – plumps!* würde hier schon genügen. Später genießen die Babys es, die Spannung noch ein wenig länger auszukosten.

Seit Generationen spielen Eltern mit ihren Kindern das allseits beliebte »Hoppe-Hoppe-Reiter«-Spiel.

Greifspiele

Geben Sie Ihrem Kind nun die Möglichkeit, verschiedene Gegenstände zu greifen, um sie auf Material, Form und Beschaffenheit hin zu untersuchen. Das muss kein teures Spielzeug sein. Das Baby wird Dinge aus seiner unmittelbaren Umwelt bevorzugen und damit wichtige Erfahrungen machen. Dicke Holzkugeln, glatte Steine, Stoffreste, bunte Bänder oder raue Kordeln lassen es Unterschiede spüren und regen seinen Tastsinn an. Außerdem lernt es, seine Hand dem Gegenstand im vorhinein so anzupassen, dass es ihn optimal ergreifen kann. Einen Ball muss das Baby mit der ganzen Handfläche ergreifen, und eine Rassel lässt sich am Stiel am besten ergreifen. Ein Holzring muss anders angefasst werden als ein dicker Teddy. So wird die Handgeschicklichkeit des Babys gefördert. Alltagsgegenstände werden das Interesse des Babys ganz besonders fesseln. Es beobachtet seine Eltern beim Hantieren mit den Gegenständen und möchte alles nachmachen. Geben Sie Ihrem Kind den Kochlöffel oder den Untersetzer, den sie gerade noch benutzt haben. Doch dürfen Sie Ihr Baby beim Hantieren mit ungewohnten Gegenständen nicht aus den Augen lassen, damit es sich nicht verletzt. Überprüfen Sie vorher, ob die Gegenstände groß genug sind, um nicht verschluckt zu werden, oder ob Bänder und Kordeln nicht zu lang sind und das Baby sich damit verletzen kann. Unter Ihrem behütenden Blick kann das Kind dann auch mit ungewohnten Gegenständen neue Erfahrungen sammeln.

Jedes Baby stellt eines Tages überrascht fest, dass Gegenstände auch dann noch existieren, wenn sie aus seinem Blickfeld verschwunden sind.

Das Wegwerfspiel

In der kommenden Zeit beginnt für das Kind die Phase des bewussten Loslassens. Bisher geschah das Öffnen der Hand eher zufällig. Doch jetzt lernt Ihr Baby, bewusst die Hand zu öffnen und etwas loszulassen. Das Kind entdeckt, dass das Öffnen der Hände bewirkt, dass Gegenstände herunterfallen oder weggeworfen werden können. Zu Anfang wird das Baby heftige Arm- und Handbewegungen machen, um einen Gegenstand loszulassen. Eltern deuten dies oft als beabsichtigtes Werfen und versuchen ihrem Kind klarzumachen, dass man Spielzeug nicht werfen darf. Doch das Baby muss jetzt erst einmal lernen, einen Gegenstand in einem bestimmten Moment bewusst loszulassen.

Hat das Kind einen Gegenstand fallen gelassen, wird es ihm nachblicken und ihn suchen. Daraus entwickelt sich sehr zum Leidwesen der Eltern oft ein Spiel. Haben Sie Verständnis für Ihr Kind! Es will Sie damit nicht ärgern, sondern es erfährt mit diesen sich ständig wiederholenden Übungen, dass es Gesetzmäßigkeiten gibt. Bisher war ein Gegenstand, der nicht mehr in seinem Blickfeld ist, für das Baby für immer verschwunden. Aus den Augen, aus dem Sinn. Jetzt kann das Baby sich erinnern, dass der Gegenstand, auch wenn er nicht mehr zu sehen ist, dennoch existiert. Es beginnt, danach zu suchen, und findet den verschwundenen Gegenstand bald wieder. Wenn das Baby im Hochstuhl sitzt und den Löffel hinunterwirft, liegt dieser nun auf dem Boden unter ihm. Wenn es den Schnuller aus seinem Bettchen wirft, kommt die Mutter und hebt ihn wieder auf. Das beeindruckt das Baby, und es will diese Dinge immer wieder tun, um die Zusammenhänge bestätigt zu bekommen. Darüber hinaus macht das Baby Erfahrungen mit der räumlichen Tiefe, dem Tempo und dem Geräusch des fallenden Gegenstandes.

Abwechslung und Wiederholung

Das Baby liebt Veränderungen und Herausforderungen. Sie sind für seine Entwicklung sehr wichtig. Daher sollten Sie Ihrem Baby Abwechslung bieten, indem Sie z. B. beidseitige Anregungen anbieten. Tragen Sie Ihr Kind abwechselnd auf dem linken und dem rechten Arm. Bieten Sie Ihrem Kind immer abwechselnd für die rechte oder die linke Hand etwas zu spielen an. Locken Sie es zur Drehung mal über die linke, mal über die rechte Seite. So beugen Sie einseitigen Bewegungen vor.

Wenn Sie die Spiele mit Ihrem Kind leicht verändern, erhöhen Sie seine Aufmerksamkeit und seine Ausdauer. Das Spiel wird spannend und interessant bleiben. Zudem machen Ihnen und Ihrem Kind die gemeinsamen Spiele viel mehr Spaß, wenn sie mit Abwechslungen verbunden sind.

Beobachten Sie jedoch stets Ihr Baby, denn es zeigt Ihnen deutlich, ob es weiter spielen möchte oder ob es ihm zu viel wird. Ebenso drückt es Langeweile oder Überforderung aus. Das Kind wird quengelig, unruhig und unausgeglichen sein, wenn Sie ihm zu wenig oder zu viel an Eindrücken bieten. Ein Zuviel schadet Ihrem Baby mehr, als dass es nützen würde. Ihr Kind wird überfordert reagieren. Es wird seine Konzentration nicht halten können und sich immer weniger allein beschäftigen. Deshalb braucht Ihr Baby in diesem Alter ständig Wiederholungen, die ihm Ruhe und Vertrauen vermitteln und es in seinem Lernprozess unterstützen. Wiederholungen mit geringfügigen Veränderungen sind für das Baby grundlegende Voraussetzungen zum Lernen.

Bieten Sie Ihrem Kind nicht zu viele neue Anregungen. Babys lieben es besonders, wenn bereits Bekanntes und Vertrautes wiederkehrt.

Der 10. bis 12. Monat

Stolz richtet sich das Baby zum ersten Mal auf. Aber es wird noch eine Weile dauern, bis es frei laufen kann.

Sich-Aufrichten und Stehen

Der Drang Ihres Kindes nach Fortbewegung und neuen Erfahrungen wächst mit jedem Tag. Sein Krabbeln wird täglich geschickter und flinker, und es braucht jetzt viel Freiraum. Neu ist, dass das Kind jetzt versucht, sich überall hochzuziehen, um zum Stehen zu zu kommen. Möbelstücke wie ein Sessel oder ein Regal werden dabei zum Festhalten benutzt. Unermüdlich übt es, sein Gleichgewicht auch im Stehen zu halten, bis es sich schließlich auch ohne Festhalten aufrichten kann. Manchen Kindern gelingt vielleicht auch schon ein erster Schritt. Eine große Überraschung für die Eltern und das Kind selbst! Überschätzen Sie Ihr Kind jedoch nicht, denn es muss zuerst lernen, ganz sicher frei zu stehen.
Nur wenige Kinder können am Ende des ersten Lebensjahres ohne Hilfe einige Schritte laufen. Die meisten lassen sich dafür noch gut ein Vierteljahr Zeit. Ihre bevorzugte Fortbewegungsart bleibt vorerst noch das Krabbeln, und so krabbeln sie über Stock und Stein, treppauf und manchmal auch treppab. Freuen Sie sich also weiterhin an den Dingen, die Ihr Kind schon kann, und unterstützen Sie es darin.

Mit dem Sich-Aufrichten und Stehen entdeckt das Baby neue Bewegungsformen und damit eine neue Welt.

Abenteuerlust und Schutzbedürfnis

Das Kind sammelt seine Erfahrungen nicht nur durch bloßes Zuschauen. Es will selbst handelnd die Welt erkunden und ist doch auf die Nähe seiner Eltern angewiesen. In einer Umgebung, in der es wenig Verbote der Eltern gibt, macht ihm das Entdecken und Lernen viel Freude. Wenn das Baby auf Unbekanntes trifft oder sich zu weit entfernt hat, wird es sich wieder in die Nähe seiner Eltern begeben, um gefühlsmäßig aufzutanken und sich anschließend wieder zu entfernen. Das Kind ist wagemutig und unternehmungslustig, solange es seine Eltern sieht oder hört und weiß, dass es jederzeit nach ihnen rufen oder zu ihnen zurückkehren kann. Bei seinen Erkundungen verlässt es sich darauf, dass es die Mutter an derselben Stelle wiederfindet, an der es sie verlassen hat, und dass es nach kleinen Pannen von ihr getröstet werden wird.

Fremde Situationen machen dem Kind Angst, und seine Entdeckungsfreude schwindet. Es hält sich dann ganz nah bei seinen Eltern auf und ist am liebsten auf dem Arm. Die Ängste des Kindes werden um das Ende des ersten Lebensjahres herum am deutlichsten. Sie sind gleichzeitig Ausdruck einer tiefen Bindung an seine Eltern. Diese Bindung ist die Sicherheitsbasis für seine Erkundungen, solange das Kind die Welt noch nicht vollständig begriffen hat.

Bei seinen unzähligen Unternehmungen braucht das Baby viel Verständnis, und es fordert in dieser Zeit die Geduld seiner Eltern ganz besonders. Trotz seiner zunehmenden Selbstständigkeit müssen die Eltern ihr Kind ständig begleiten. Sie müssen dabei zumindest mit geteilter Aufmerksamkeit bei ihm sein, d. h. sie benötigen immer ein Auge für das Kind und ein Auge für die jeweilige andere Tätigkeit. Ein freundliches Wort oder ein Lachen der Mutter gelten für das Kind als Zustimmung: »Ja, mach nur weiter!« Schaut die Mutter aber erschrocken oder gar ängstlich, dann versteht das Kind: »Halt, nein, lieber nicht! – es könnte mir etwas passieren!«

Das Schmusetier als Tröster

Zum Ende des ersten Lebensjahres weiß Ihr Kind auch, dass die Mutter nicht immer und nicht immer sofort zur Verfügung stehen kann. Es hat in der Zwischenzeit gelernt, ein wenig zu warten. Als Ersatz hilft ihm dann eine Schmusedecke oder ein Schmusetier zum Festhalten und Kuscheln. Dieses Ersatzobjekt ist meist auch sein ständiger Begleiter beim Einschlafen. Das geliebte Schmusetier lässt sich nicht ersetzen und sollte möglichst nicht gewaschen werden. Es riecht dann fremd und ist damit kein Tröster in der Not mehr.

Ein Schmusetier, eine Schmusedecke oder die vertraute Lieblingspuppe erleichtern es dem Kind, einmal eine Nacht in einer fremden Umgebung zu verbringen.

Gefühle entdecken

Im Laufe des ersten Lebensjahres wird das Kind seine Gefühlszustände immer bewusster erleben. Es lernt, zwischen Lust und Unlust, zwischen Freude und Leid sowie zwischen Neugier und Angst zu unterscheiden, und kann diese Gefühle über Mimik, Gesten und Körperhaltung auch deutlich zeigen.

Die eigenen Gefühle …

Ein fröhliches Lachen bedeutet, dass es ihm gut geht, und Schreien steht für Kummer, Leid und manchmal auch Wut. Der Gesichtsausdruck des Babys entspricht jeweils seiner Stimmung, die Augen sind zusammengekniffen oder groß und aufmerksam, die Hände sind geschlossen und verkrampft oder geöffnet und entspannt. Wenn es sich abwendet, möchte das Baby in Ruhe gelassen werden.
Kinder in diesem Alter können ihre Gefühle noch nicht verbergen oder verstellen. Leider besteht, wenn es negative Gefühle sind, von Seiten der Erwachsenen leicht die Tendenz, die Kinder abzulenken oder ihre Gefühle zu übergehen. Wenn ein Kind z. B. weint, weil es sich weh getan hat, hört man oft: »Ach, das tut doch nicht so weh!« Sicherlich lernt ein Kind so, welche Gefühle akzeptiert werden und welche eher unerwünscht sind. Damit Ihr Baby jedoch auch mit schmerzlichen oder unangenehmen Gefühlen leben und umgehen lernt, sollten Sie auch diese Gefühle zulassen und ernst nehmen und das Kind in seinem Schmerz trösten.

Babys entwickeln schon sehr bald soziale Kompetenzen und reagieren auf den Gefühlsausdruck der Menschen, die sie umgeben.

… und die Gefühle der anderen

Das Baby erlebt aber nicht nur seine eigene Gefühlswelt, es lernt ebenso, die Gefühlsausdrücke seiner Mitmenschen zu erkennen. Bereits mit ungefähr vier Monaten kann das Baby Freude oder Ärger in den Gesichtern seiner Eltern unterscheiden. In der zweiten Hälfte des ersten Lebensjahres reagieren Babys oft spiegelbildlich auf die

Gefühle von vertrauten Erwachsenen oder auch anderen Kindern. Weint z. B. ein Kind, so fängt auch das andere Kind oft an zu weinen, und wenn die Mutter oder andere Kinder lachen, reagiert es ebenfalls mit Freude. Gegen Ende des ersten Lebensjahres beginnen Kinder erste Anzeichen von Mitgefühl zu entwickeln und die Gefühle anderer zu verstehen.

Eindeutiges Verhalten

Mehr und mehr entwickelt das Baby eigene Pläne und Ideen, die es verwirklichen möchte. Es erkennt seine Wünsche und Bedürfnisse und entdeckt seinen eigenen Willen.

Ein weitgehend gleichbleibendes Verhalten der Eltern lässt das Kind Vertrauen in seine Umwelt fassen.

Das Baby entdeckt seinen Willen

Je älter das Kind wird, um so deutlicher kann es mit seinem Verhalten und ersten Worten zeigen, was es möchte und was es nicht möchte. Das Kind nimmt sich allmählich als eigenständige Person wahr, und das bewusste *Nein* mit etwa eineinhalb Jahren ist ein wichtiger Schritt in der Entwicklung seiner Persönlichkeit.

Gleichbleibend reagieren

Schon von klein an lernt das Baby, die Reaktionen seiner Eltern zu deuten. Es merkt an ihrem Verhalten, ob sie zustimmen und was sie ablehnen. Bestimmte Regeln und Grenzen in der Familie helfen dem Kind, sich in seiner Umwelt zurechtzufinden, und geben ihm Sicherheit. Mit zunehmendem Verstehen der Zusammenhänge kann es diese Regeln dann auch im Laufe der Zeit begreifen. Um die Liebe der Eltern nicht zu verlieren, möchte das Kind sich so verhalten, wie es seine Eltern wünschen, aber oft stehen ihm seine eigenen Pläne dabei im Weg. Konsequenzen aus seinem eigenen Verhalten oder sogar Strafen als Erziehungsmaßnahme sind für ein Baby in diesem Alter noch völlig unverständlich.

So langsam werden Pläne ausgeheckt. Das Kind beginnt, seinen eigenen Willen zu entdecken.

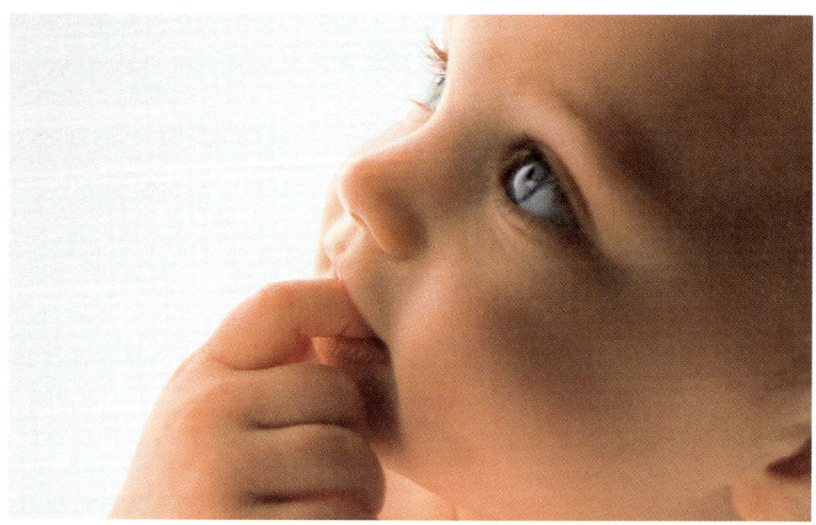

Eltern sollten sich auf Grenzen, die sie ihrem Kind setzen wollen, einigen, sich gemeinsam darüber klarwerden und beide die Verbote mit ähnlichen Worten und Gesten verdeutlichen.

Eltern sollten sich dem Kind gegenüber klar und eindeutig verhalten, so dass das Kind lernen kann, Zusammenhänge zu begreifen. Konsequentes Verhalten der Eltern wird mit wenigen Worten und mit unmissverständlichen Gesten in der jeweiligen Situation zum Ausdruck gebracht: wie z. B. einem »Nein-Nein!« und gleichzeitigem Kopfschütteln. Oder »Neiiiin, heiß! Das darfst du nicht!«, und gleichzeitig wird das Baby so schnell wie möglich von der Gefahrenquelle weggebracht. Immer wenn dem Kind Gefahr droht, müssen Eltern sofort handeln. Worte mit Handeln gepaart helfen dem Kind beim Verstehen. Eindeutige Signale sind für das Kind außerordentlich wichtig. Es kann nämlich den Ernst einer Situation nicht begreifen, wenn Erwachsene mit lachendem Gesicht »Nein!« sagen. Ein lachendes Gesicht bedeutete ja sonst immer Zustimmung, und darum versteht das Kind auch diesmal »Ja!« Wenn die Eltern sich nicht eindeutig verhalten, ergibt sich dann häufig das Nein-Nein-Spiel, d. h. die Erwachsenen meinen »Nein!« als Verbot, das Kind versteht aber ein auffordendes »Ja!« und tut das, was verboten werden soll, immer wieder. Vergeblich wartet es auf ein überzeugendes »Nein!« in diesem irritierenden Spiel.

Die Entwicklung des Babys

Drehen, Rollen oder Robben stellen für das Baby Möglichkeiten dar, sich willentlich fortzubewegen. Wenn ihm das nicht schnell genug geht, wird es sich sehr bemühen, seine Fortbewegungsart zu verändern. Das Kind erlernt das Krabbeln und steuert seine Ziele nun auf dem direktesten Weg an.

Zielgerichtete Fortbewegung

Der Drang nach neuen Erfahrungen hält es immer in Bewegung. Hat das Kind ein Ziel erreicht, wird es innehalten, um die interessanten Dinge gründlich zu untersuchen, und bald darauf wird es weiter auf Entdeckungsreise gehen. Das Baby wird die Krabbelzeit lange und ausgiebig nutzen, um Bewegungsabläufe zu üben und geduldig die unterschiedlichsten Bewegungsformen auszuprobieren.

Erste Stehversuche

Irgendwann wird sich das Interesse des Kindes nicht mehr auf den Boden beschränken, und es will höher hinaus. Es versucht, sich an fest stehenden Gegenständen wie einem Sessel oder einem niedrigen Tisch aufzurichten, oder auch an einer glatten Wand. Dabei kniet es sich zuerst hin. Bald wird das Baby dann ein Bein aufstellen und sich mit den Armen hochziehen oder mit den Beinen hochdrücken. So kommt es in den Stand. Eltern sind oft ganz überrascht, wenn ihr Kind plötzlich im Kinderbett steht oder sich am Sofa hochgezogen hat. Voller Stolz nehmen sie diesen weiteren Entwicklungsschritt ihres Kindes wahr. Das Kind sucht jetzt überall nach Möglichkeiten, um das Aufrichten und Stehen zu probieren. Es beginnt von selbst, Stufen hinaufzukriechen. Eine Treppe ist besonders interessant, weil das Kind dabei sein Körpergewicht aufwärts verlagern kann und sich daraus das Aufrichten ergibt. Eltern sollten ihr Kind in seinem Bewegungsdrang nicht bremsen, aber gut beschützen.

Gegen Ende des ersten Lebensjahres richtet sich das Baby auf – trotzdem wird es sich auch noch einige Zeit am liebsten krabbelnd fortbewegen.

Die ersten Schritte

Wenn das Baby viele Male das Aufstehen aus der Krabbelstellung geübt hat und sicher stehen kann, wird es nicht lange dauern, bis es seine ersten Schritte wagt. Anfangs verlagert es an einem Gegenstand stehend das Gewicht von einem Fuß auf den anderen. So versucht es die ersten Seitschritte, während es sich mit seinen Händen gut festhält. Mit Vorliebe tastet es sich nun am Sofa entlang oder umrundet niedrige Tische.

Wenn Ihr Kind diese Bewegungsabläufe durch vielfältiges Ausprobieren und Üben selbstständig erlernt hat, wird es bald keine Mühe mehr haben, die aufrechte Haltung wieder zu verlassen. Da es bereits das Knien erprobt hat, kann es sich über die Knie wieder auf den Boden niederlassen. Um Ihrem Baby diese Erfahrungen zu ermöglichen, sollten Sie es so wenig wie möglich hinstellen, denn nur durch selbstständiges Üben kann das Kind Sicherheit in seinen Bewegungsabläufen gewinnen.

Hat das Baby in der stehenden Haltung und dem Seitwärtslaufen Sicherheit erlangt, wird es mutig ausprobieren, sich nur mit einer Hand festzuhalten. Wenn dies gelingt, kann es jetzt im Stehen mit der freien Hand spielen oder an dem nächsten festen Gegenstand Halt suchen. Übereck greifend vermag es kleine Entfernungen zu überwinden, und es wird plötzlich erstaunt feststellen, dass es frei steht. Oft hält das Kind dabei kleine Gegenstände in beiden Händen, die ihm Sicherheit geben. Das Kind hat das Gefühl, es könnte sich daran festhalten. So machen einige Kinder bereits um ihren ersten Geburtstag herum die ersten freien Schritte. Durch Krabbeln, Aufstehen und Seitschritte an Möbeln oder Wänden wird das Kind ständig üben, seinen Schwerpunkt zu verlagern und sein Gleichgewicht zu halten.

Die Kinder haben an dem Spiel mit dem Gleichgewicht und ihren unterschiedlichen Bewegungsformen in der Regel viel Freude. Sie fühlen sich zunehmend sicherer, und die Bewegungen werden fließender und wirken nicht mehr so eckig. Manche Kinder werden

Viele Kinder probieren unermüdlich aufzustehen und an Möbeln entlangzugehen, bevor sie die ersten Schritte im freien Raum wagen.

jetzt auch einmal ärgerlich, wenn ihre Bewegungen nicht so gelingen, wie sie es wollen. Diese Unzufriedenheit sollten Eltern akzeptieren und dem Kind gut zureden. Wir Erwachsene können es einem Kind aber nicht abnehmen, über selbstständiges Probieren den nächsten Entwicklungsschritt zu erreichen. Mit etwa achtzehn Monaten werden die meisten Kinder frei laufen können.

Wenn Eltern ungeduldig auf das Laufen als das wichtigste Ereignis in der Entwicklung ihres Kindes warten, sind sie leicht geneigt, ihr Kind frühzeitig hinzustellen und die ersten Schritte mit ihm zu üben, indem sie das Kind an den Händen halten und mit ihm durch den Raum laufen. Doch das Baby gewöhnt sich schnell an diese Hilfe und verlässt sich dann stets auf die elterliche Unterstützung. Es wird seine Eltern ständig in Anspruch nehmen und ohne sie keinen Schritt wagen. Dies bedeutet für die Eltern eine sehr anstrengende Zeit, und durch die gebückte Haltung wird darüber hinaus ihr Rücken ständig belastet. Das Kind gewinnt durch diese Art der Hilfe kein Vertrauen in die eigenen Fähigkeiten. Oft wird sogar das selbstständige Laufenlernen hinausgezögert, und das Baby braucht länger, ehe es seine ersten freien Schritte wagt.

Fortbewegung und Innehalten

Wenn das Baby auf seiner Entdeckungsreise auf allen vieren interessante Dinge entdeckt, hält es inne und wird versuchen, sich durch Gewichtsverlagerung und seitliches Abstützen über die Seite hinzusetzen. Gelingt ihm das, hat es seine Hände frei und kann den neu entdeckten Gegenstand untersuchen und damit spielen. Es wird nun nicht mehr lange dauern, und das Kind sitzt mit geradem Rücken und angewinkelten Beinen ganz frei. Diese Haltung nimmt es aber normalerweise nur für eine kurze Zeit ein, denn sein Bewegungsdrang ist in diesem Alter sehr groß. So wird das Baby ständig zwischen Anspannung und Entspannung, zwischen Bewegung und Ruhe wechseln. Dieser Wechsel ist für die Entwicklung von Bewegungsabläufen wichtig.

Die Geduld der Eltern nützt dem Baby weit mehr als jede andere Hilfestellung beim Laufenlernen. Ein so wichtiger Entwicklungsschritt braucht eben seine Zeit.

79

Greifen und Zeigen

Auf seinen Entdeckungsreisen wird das Kind sein Interesse zunehmend auch auf kleine und kleinste Dinge richten. Zum Leidwesen seiner Eltern liest es die winzigsten Krümel und Fusseln auf und steckt sie mit Vorliebe in den Mund. Eltern können hierbei die feinen Fingerbewegungen ihres Babys beobachten. Mit dem vorgestreckten Zeigefinger und dem Daumen versucht es, die kleinen Dinge aufzunehmen. Bei genauem Hinsehen bemerkt man, wie sich bald auch der Zeigefinger krümmt und das Baby so nun auch Perlen, kleine Kugeln u.Ä. auflesen und festhalten kann.

Außerdem lernt das Baby jetzt, seine Finger einzeln zu bewegen, und möchte dies immer wieder ausprobieren und üben. Daher werden mit dem gestreckten Zeigefinger sämtliche Öffnungen untersucht und erforscht. Sichern Sie spätestens jetzt alle erreichbaren Steckdosen oder andere gefährliche Öffnungen, um dadurch Unfälle zu vermeiden.

Aber auch das Zeigen mit dem vorgestreckten Finger erhält nun für das Baby eine wichtige Bedeutung. »Was ist das?«, fragt das Baby, indem es mit seinem Zeigefinger auf etwas zeigt. Das Zeigen wird ein Mittel zur Verständigung.

Zusammenhänge erkennen

Jeden Tag sieht sich das Baby vor neue Aufgaben und Anforderungen gestellt. Versuch und Irrtum begleiten sein Tun, und seine Gedächtnisleistung wird durch die täglichen Anforderungen immer differenzierter. Das Baby lernt, Verhaltensweisen und Gesetzmäßigkeiten in einen Zusammenhang zu bringen. Es kann sich erinnern. Das Kind benutzt nun für sich Hilfsmittel, um an Gegenstände zu gelangen und geplante Handlungen erfolgreich zu beenden. So wird es ein Spielzeug, das sich etwas entfernt auf einer Decke befindet, mit der Decke zu sich heranziehen. Es versucht, einen Ball, der unter den Schrank gerollt ist, vielleicht mit einem langen Holzlöffel hervorzuholen. Das Kind kann mehr und mehr aus seinen Erfahrungen Schlussfolgerungen ziehen und sie auf andere Situationen übertragen.

Sprachentwicklung

Im Spiel mit den Eltern, aber auch, wenn das Kind für sich allein spielt, wird es ununterbrochen seine Tätigkeiten mit Lautäußerungen begleiten. Wenn Eltern dem Baby die Silben oder Doppelsilben, die es bereits kennt, vorsprechen, wird es darauf antworten. Es wiederholt die vorgesprochenen Silben, und ein dialogartiges Rede- und Antwortspiel zwischen Eltern und Kind entsteht. Bald wird das Kind auch für bekannte Personen, Gegenstände oder Situationen immer wieder gleichlautende Äußerungen verwenden, und es entwickelt eigene Kinderwörter, z. B. *brrr-brrr* für Auto oder *wau-wau* für Tiere.

Mit zunehmendem Alter erwirbt das Kind mehr und mehr Verständnis für Sprache, und die Wörter erhalten eine Bedeutung. Das Baby bringt die Worte, die es immer wieder von seinen Eltern im täglichen Umgang hört, mit Personen, Gegenständen, Handlungen oder Situationen in Verbindung, und so lernt es zu verstehen. Fragt man das Baby z. B.: »Wo ist die Mama?« oder »Wo ist der Ball?«, so wird es seinen Kopf in eine bestimmte Richtung drehen und nach der Mama oder dem Ball suchen.

Wenn die Worte mit Gesten, wie etwa einem Zeigen, verbunden werden, ist es für das Baby leichter, einen Bezug zu den gesprochenen Worten herzustellen. Auf die Frage »Wo ist die Lampe?« wird es dann in die richtige Richtung zeigen. Auf die Frage »Wie groß bist du?« wird es die Arme über den Kopf heben, und die Mutter antwortet stellvertretend für das Kind »Soo groß!«

Das Kind lernt bald, diese Gesten auch selbst zu verwenden, um sich auszudrücken. Unzählige Male wird es auf Dinge zeigen und damit fragen: »Was ist das? Welchen Namen hat dieses Ding?« Es erwartet von den Erwachsenen eine Antwort auf seine Fragen. Über

Gegen Ende des ersten Jahres lernt das Baby, bestimmte Wörter mit Personen oder Dingen in seiner Umgebung in Zusammenhang zu bringen.

Ihr Baby möchte jetzt die ganze Wohnung kennenlernen. Entfernen Sie alle Gegenstände, die es beschädigen oder an denen es sich verletzen kann, damit Sie nicht zu viele Verbote aussprechen müssen.

Handbewegungen kann es sagen: »Komm, spiel mit mir!«. Mit-der-Hand Winken bedeutet Auf-Wiedersehen-Sagen, wenn es das Wort Nein hört, wird es seinen Kopf schütteln.

Später kann das Baby dann Aufforderungen verstehen, wie »Bring mir den Ball!« oder »Komm zum Papa!« oder auch »Pass auf, heiß!« Es kann sich mehr und mehr an Vergangenes erinnern, es kann Zusammenhänge erkennen und wird entsprechend reagieren.

Es ist wichtig zu wissen, dass Kinder weit mehr verstehen, als sie selbst in Worten ausdrücken können, und sie verstehen sehr viel eher Wörter und Begriffe, wenn diese mit Bewegungen verbunden werden. Um selbst sprechen zu lernen, d. h. Worte benutzen zu können, muss das Baby viel gesprochene Sprache hören. Dabei braucht es Nähe und den Blickkontakt mit seinen Eltern, um Mundbewegungen und Gesten beobachten zu können. Es muss die Worte immer wieder hören und selbst mit eigenen Lauten oder Kinderwörtern wiederholen können. Für seine Wiederholungen braucht es die freundliche Bestätigung seiner Eltern.

Der tägliche Umgang mit dem Baby

Eltern müssen sich in der nächsten Zeit damit abfinden, dass ihr Baby die gesamte Wohnung zur Spielzone erklärt. Nichts wird vor ihm sicher sein, und es wird alles gründlichst untersuchen und für seine Zwecke gebrauchen. Seine Neugierde ist seine größte Antriebskraft und die beste Voraussetzung zum Lernen. Daher sollten Sie Ihre Wohnung genau überprüfen.

Die Wohnung als Spielfeld

Wenig standfeste Beistelltische, Bodenvasen, herunterhängende Tischdecken, leicht zu öffnende Schubladen oder Schranktüren und vieles mehr sollten Sie jetzt entsprechend sichern. Insbesondere Putzmittel müssen für das Kind unerreichbar sein! Schubladen ausräumen, den gestreckten Zeigefinger in kleine Öffnungen bohren oder auf Tasten und Schalter drücken, das sind jetzt seiner Entwicklung entsprechende Fähigkeiten. Das Kind sucht jede Gelegenheit, das zu tun, was es jetzt gerade gelernt hat, und Eltern sollten den Wohnbereich so gestalten, dass möglichst wenig Verbote ausgesprochen werden müssen. Einigen Sie sich z. B., ob das Kind die Tasten der Stereoanlage oder die Fernbedienung des Fernsehapparates ausprobieren darf oder nicht. Zu viele Verbote hemmen die Freude am Entdecken, und auch für die Eltern ist es sehr mühsam, ihre Einhaltung zu überwachen.

Die Natur entdecken

Mit zunehmender Beweglichkeit braucht das Baby nun auch viele Möglichkeiten, um in der freien Natur seine Umwelt zu entdecken. Das Krabbeln oder Laufen auf der Wiese oder auf einem leicht abfallenden Hang ermöglicht dem Baby zusätzliche Bewegungs- und Sinneserfahrungen. Ob Gras, Blumen oder fallendes Laub, das Baby möchte alles hören, sehen, riechen und berühren, um seine Sinne anzuregen. Wasser und Sand, die Wiese oder der Waldboden werden auch die nächsten Jahre über sein Element sein.

Die ersten Schuhe

Babys krabbeln oder laufen gerne barfuß. So können sie die Beweglichkeit ihrer Füße und den jeweiligen Untergrund am besten spüren und zusätzlich mit den Füßen ihre Bewegungen optimal steuern. Wenn das Kind draußen im Garten oder auf dem Spielplatz seine ersten Schritte macht, sind Schuhe zum Schutz der Füße notwendig. Schuhe zum Laufenlernen sind überflüssig. Der kindliche Fuß kann sich in Schuhen nicht dem Untergrund anpassen, die kleinen Zehen können sich nicht krümmen, um das Gleichgewicht beim Krabbeln, Laufen oder Klettern auszubalancieren. In Schuhen wird der Fuß des Babys eingeengt. Zum Laufenlernen braucht das Kind Bewegungsfreiheit und Übung, keine Schuhe.

Ziehen Sie Ihrem Baby wirklich nur dann Schuhe an, wenn es notwendig ist, z.B. als Schutz gegen Kälte oder Nässe im Freien.

Kindgerechte Kleidung

Das Kind ist jetzt noch mehr als früher den ganzen Tag über in Bewegung, manchmal auf den Füßen, oft auf den Knien oder auch liegend auf dem Bauch oder dem Rücken. Es braucht dafür Kleidung, in der es sich bewegen kann. Die Kleidung sollte unempfindlich und strapazierfähig sein und darf die Bewegungen nicht einengen. Auch Kleidungsstücke, die zu groß oder zu schwer sind, nehmen dem Kind die Freude an der Bewegung.

Keine Lauflerngeräte!

Das Kind braucht auch kein Lauflerngerät. Diese Geräte dienen nicht dem Laufenlernen. Im Gegenteil: Das Baby wird versuchen, sich auf Zehenspitzen fortzubewegen, und kann seinen Fuß nicht abrollen. Es hat keine Möglichkeit, sein eigenes Gewicht zu spüren und die Körperbalance zu testen. Das selbstständige, freie Laufen wird eher verhindert. Außerdem sollte die Unfallgefahr mit diesen Geräten nicht unterschätzt werden. Die Babys können die Geschwindigkeit, die sie mit diesen Geräten erreichen, noch nicht kontrollieren, und Unebenheiten, Stufen oder Treppen bringen sie in höchste Gefahr.

Die meisten Babys sind ausgesprochen gesellig und nehmen gerne an der Familienmahlzeit teil.

Gemeinsame Mahlzeiten

Babys sind gesellig und lieben es, mit anderen Menschen zusammen zu sein. Ganz besonders mag das Baby, wenn Sie gemeinsam mit ihm die Mahlzeiten einnehmen. Es sieht den Eltern und Geschwistern gerne beim Essen zu und lauscht fasziniert den Gesprächen bei Tisch. Aufmerksam verfolgt es die Bewegungen und ahmt Essen und Trinken nach. Ihr Baby hat bereits gelernt, selbstständig einen Keks oder ein kleines Brot aus der Hand zu essen, und genießt es, daran zu lutschen und zu knabbern. Es wird auch ausdauernd versuchen, aus einem Becher zu trinken und vom Löffel zu essen. Für das Kind be-

Irgendwann will das Baby nicht mehr gefüttert werden. Es will eigenständig sein und wird versuchen, das Essverhalten der anderen Familienmitglieder nachzuahmen.

deuten diese Tätigkeiten ein sehr kompliziertes Zusammenspiel von Wahrnehmen und Tun, und es wird sie pausenlos probieren. Da Ihr Baby schon gelernt hat, kleine Dinge mit Daumen und Zeigefinger zu greifen, festzuhalten und auch wieder loszulassen, wird es bei den gemeinsamen Mahlzeiten immer und immer wieder versuchen, Brotkrümel, Reiskörner oder Nudeln zu greifen, um diese in den Mund zu schieben oder woanders hinzulegen. Geben Sie Ihrem Kind vorerst die Möglichkeit, sein Essen sinnlich mit den Händen wahrzunehmen. Später wird es dann lernen, dass es mit dem Essen nicht spielen soll.

Frühe Kontakte bieten dem Baby viele Erfahrungs- und Entwicklungsmöglichkeiten.

Kontakt zu anderen Kindern und Erwachsenen

Wenn Sie sich jetzt entscheiden, mit Ihrem Kind in eine Eltern-Kind-Gruppe einzutreten, dann erwarten Sie nicht zu viel von Ihrem Kind, und überfordern Sie es nicht. Entwicklungsmäßig befindet sich Ihr Kind jetzt in der Fremdelphase und braucht darum in diesem Alter viel Zeit, um sich an unbekannte Situationen, an fremde Kinder und an fremde Erwachsene gewöhnen zu können.

Neben Ihnen sollte Ihr Baby auch andere vertraute Bezugspersonen haben, die einspringen, falls Sie einmal nicht für Ihr Kind da sein können.

Es muss langsam mit ihnen vertraut werden dürfen. Von Ihrem sicheren Schoß aus zeigt Ihr Kind sein deutliches Interesse an den anderen kleinen Kindern, indem es sie genau beobachtet und ihre Bewegungen und Sprachäußerungen nachahmt. Ihre Bereitschaft, für Ihr Kind da zu sein, wird ihm die notwendige Sicherheit geben, allmählich auf die anderen Kinder zuzugehen.

Im Laufe der Zeit werden die Kinder miteinander vertrauter und krabbeln hintereinander her oder spielen nebeneinander. Ihre Zufriedenheit zeigt deutlich, dass sie das Zusammensein mit anderen Kindern genießen. Durch gleichbleibende, längere Kontakte können bereits kleine Kinder eine enge Beziehung zueinander aufbauen.

Für die Entwicklung des Kindes ist es wichtig, dass es auch mit anderen Erwachsenen zusammen sein kann, um unterschiedliche Verhaltensweisen von Erwachsenen kennen zu lernen.

Jeder Mensch hat eine andere Art, mit dem Kind umzugehen. Das Kind kann erfahren, dass andere Erwachsene Dinge erlauben, die zu Hause verboten sind oder umgekehrt. Das Zusammensein mit Freunden und Verwandten, wie z. B. den Großeltern, ist nicht nur für das Kind eine Bereicherung, sondern bedeutet auch Hilfe und Entlastung für die Eltern.

Anregungen und Spiele

Schon Babys werden häufig an Festtagen mit Spielzeug überschüttet, und das restliche Jahr über gibt es dann wenig Abwechslung. Sinnvolles Spielzeug sollte aber nicht nur als Geschenk für besondere Anlässe oder als Belohnung gesehen werden, denn das Kind braucht es zur Entfaltung seiner körperlichen, geistigen und emotionalen Fähigkeiten und zur Entwicklung seiner Persönlichkeit. Zuviel Spielzeug macht es dem Kind schwer, sich zu entscheiden und mit Interesse und Ausdauer zu spielen. Deshalb können Unmengen an Spielzeug für die gemeinsam mit dem Kind verbrachte Zeit kein Ersatz sein.

Das Baby braucht keine eigene Kinderwelt. Es möchte am Familienleben teilhaben, die Eltern beobachten, Dinge tun, die sie tun. In der Küche möchte es mit den Töpfen, Deckeln und Kochlöffeln spielen, die die Mutter verwendet, oder es möchte den Zeitungsständer ausräumen oder »telefonieren«. Es will die »Werkzeuge« der Eltern kennen lernen und benutzen. So werden alltägliche Dinge zu seinen Lieblingsspielsachen.

Als Spielpartner schließen Sie sich dem Spiel des Kindes an. Gemeinsam mit ihm verändern Sie durch neue Ideen das Spiel.

Ein guter Spielpartner für das Baby sein

Um sich am Spiel eines Kindes zu beteiligen, müssen Erwachsene das Kind gut beobachten und es da ansprechen, wo es sich gerade in seiner Entwicklung befindet. So können sie sein Interesse und seine Freude beim Spielen am besten wecken bzw. aufrechterhalten. Wenn Eltern sich dem Baby in seinen jeweiligen Handlungen und Verhaltensweisen anpassen, werden sie gemeinsam die für das Kind richtigen Spiele finden. Somit ist das Spiel dem Entwicklungsstand des Kindes angemessen, und die Eltern werden ihr Baby weder überfordern noch langweilen.

- Lassen Sie Ihr Kind stets selbst probieren, und helfen Sie ihm nur, wenn es danach verlangt.
- Begleiten Sie sein Tun mit Worten, Fragen oder Aufforderungen.
- Drücken Sie immer wieder Ihre Freude über sein Spielen aus.
- Geben Sie ihm durch Ihr Interesse an seinem Spiel Bestätigung.

Spiele mit großen und kleinen Kartons

Wenn Sie Ihrem Kind mehrere größere Kartons zum Spielen geben, kann es auf vielfältige Weise probieren, sich selbst aufzurichten. Anfangs wird es einen großen Karton krabbelnd vor sich herschieben, später wird es im Stehen seine ersten Schritte daran üben. Wenn Sie im Spiel die Kartons gut festhalten und dabei etwas auseinander schieben, kann das Baby übereck greifen und auch kleinere Entfernungen überwinden.

Stehend kann das Kind auf dem Karton mit Gegenständen spielen, darauf klopfen oder etwas hinunterwerfen. Es wird in die Hocke gehen und sich wieder aufrichten, wenn es die Dinge wieder aufheben möchte. Dabei muss es sich gut festhalten können.

Während seines Spiels wird das Kind ganz selbstverständlich zwischen anstrengenden und weniger anstrengenden Positionen wählen, es wird zwischen Stehen, Krabbeln und Sitzen wechseln. Im Sitzen kann es versuchen, einen kleinen Karton auf einen anderen zu stellen, oder es kann sie nebeneinander stellen und eine Reihe bilden. Ein schönes Spielzeug können Sie selbst herstellen, indem Sie in den Deckel eines Kartons Öffnungen schneiden. Ihr Kind wird versuchen, kleinere Gegenstände hineinzustecken. Es wird ausprobieren, was hineinpasst und was zu groß ist, um in der Öffnung zu verschwinden. Bald lernt es auch, den Deckel abzunehmen und die Gegenstände darunter wiederzufinden.

> Alltagsgegenstände sind für das Kind meist weit interessanter als das raffinierteste Spielzeug.

Spiele zum Einfüllen und Auskippen

Alltagsgegenstände werden für Ihr Kind zum liebsten Spielzeug werden. So mag es beispielsweise gerne mit bunten Wäscheklammern hantieren. Es wird sie mit Vorliebe in einen Behälter tun und wieder auskippen. Wenn Sie einen kleinen Wäschekorb umdrehen, versucht das Kind, die Wäscheklammern durch die Gitteröffnungen hineinzustecken.

Große Fingergeschicklichkeit und präzise Handbewegungen sind erforderlich, um kleine Gegenstände in Töpfe fallen zu lassen oder in enge Öffnungen zu stecken. Mit der wachsenden Einsicht, dass die Dinge nicht verschwunden sind, auch wenn man sie nicht mehr sehen kann, und mit der Fähigkeit, Handlungen zu planen, behalten die Kinder auch für längere Zeit Interesse an diesen Spielen.

Neben der Fingerfertigkeit übt das Kind bei seinen Einsteck-Spielen seine räumliche Wahrnehmung. Das Kind vermag räumliche Beziehungen zu erfassen, und Begriffe wie kleiner und größer, innen und außen, oben und unten werden ihm verständlich.

Darüber hinaus birgt der Wäschekorb viele weitere Spielmöglichkeiten. Das Baby kann auch größere Gegenstände wie seinen Teddy oder die Puppe hineinlegen und wieder herausnehmen. Dabei muss es sich festhalten oder abstützen, um nicht seine Balance zu verlieren. Es kann aber auch selbst hineinkrabbeln und darin sitzen. Wenn Sie Ihr Baby nun noch im Wäschekorb durch die Wohnung schieben oder ziehen, wird es großen Spaß haben.

Spiele mit Kissen und Matratzen

Für das Baby ist es in diesem Alter sehr spannend, sich mit Höhen und Tiefen auseinander zu setzen. Das Auf und Ab beim Krabbeln über unterschiedliche Gegenstände führt zu sicheren Stütz- und Greifbewegungen, und das Kind übt, sein Körpergewicht zu verlagern und sein Gleichgewicht zu halten. Kissen oder niedrige Matratzen laden in besonderer Weise zum Spielen ein. Das Baby wird das Hinauf- und Hinunterklettern auf der Matratze ausprobieren, es wird versuchen, darüber zu krabbeln, oder sich mit Wonne in den weichen Kissen wälzen.
Außerdem bietet eine Kissenlandschaft den geeigneten Ort, um sich auszuruhen. Das Baby kann sich nach seinen anstrengenden Tätigkeiten zurückziehen und ein wenig kuscheln. Manchmal kommen die Babys über diese Ruhephase in den Schlaf und gönnen sich eine kleine Pause.

Gemeinsames Toben

Da Ihr Baby nun einmal Bewegung liebt, wird es sich auch immer dafür begeistern, wenn Sie mit ihm toben. Es wird mit Vergnügen auf Ihnen herumklettern oder großen Spaß daran haben, wenn Sie mit ihm um die Wette krabbeln. Wenn Sie selbst auf allen vieren hinter Ihrem Baby her krabbeln, wird es vor Freude laut kreischen und juchzen, die Spannung genießen und sich schließlich gerne von Ihnen fangen lassen.

Richten Sie Ihrem Kind eine Kuschelecke mit Kissen und Matratzen zum gemeinsamen Spielen und Schmusen und zum Ausruhen ein.

Schaukelspiel

Besonders gerne hat es das Kind, wenn Mutter und Vater es in einer Decke schaukeln. Zum einen fordert das Baby schwungvolles und schnelles Schaukeln heraus, zum anderen genießt es ruhige und sanfte Schaukelbewegungen. Schaukelbewegungen regen den Gleichgewichtssinn des Kindes an, und in den Pausen verarbeitet das Kind die veränderten Wahrnehmungen. Daher braucht es den Wechsel von schwingenden Bewegungen und Ausruhen. Wenn Sie dieses Spiel mit einem gleichbleibenden Vers begleiten, wie z. B. »Hin und her, hin und her, das gefällt dem Baby sehr!«, kann sich das Kind an ihrem Tonfall orientieren und sich auf die folgende Pause einstellen.

Alles, was Geräusche macht, wird Ihr Kind besonders begeistern. Lassen Sie es auf dem Tisch trommeln, mit Papier rascheln und mit Topfdeckeln scheppern.

Krach machen

Besonders viel Spaß hat Ihr Kind, wenn es Gegenstände aneinander klopfen kann. Für ein Baby ist es gar nicht so einfach, die Bewegungen seiner Hände so miteinander abzustimmen, dass die Dinge zusammentreffen. Selbst Geräusche zu erzeugen, auf Dinge zu schlagen oder sie gegeneinander zu klopfen bereitet dem Baby größtes Vergnügen. Geben Sie Ihrem Baby Dinge in die Hand, mit denen es diese Tätigkeiten ausführen kann. Sehr beliebt ist das Spiel mit einem Kochlöffel und einem Topf oder einem Deckel.

Geben und Nehmen

Mit dem Erkennen von Zusammenhängen und dem bewussten Festhalten und Loslassen von Gegenständen lernt Ihr Baby die Spiele lieben, in denen es etwas abgibt und wiederbekommt. Mit den Worten »Bitte« und »Danke« von der Mutter begleitet, legt es ihr gerne etwas in die Hand und streckt ihr sofort seine Hände wieder zum Nehmen entgegen. Der Reiz dieses Spiels steckt in den vielfältigen Wiederholungsmöglichkeiten und auch darin, dass das Kind über seinen Willen das Geben oder Nehmen steuern kann.

Begeistert klatscht das Baby in die Hände und freut sich an den Geräuschen, die es dabei erzeugt.

Sprachspiele

Durch die Entwicklung des Sprachverständnisses mag Ihr Baby nun besonders gerne Frage- und Antwortspiele. Wenn Sie es fragen: »Wie groß bist du?«, wird es mit seinen hochgestreckten Armen antworten, da es diese Geste bei Ihnen wiederholt gesehen hat. Wenn Sie diese nichtsprachliche Antwortgeste Ihres Kindes mit den Worten »Sooo groß bist du!« begleiten, weiß es, dass Sie es verstanden haben, und begreift den Zusammenhang von Sprache und Handlung. Fragen Sie Ihr Baby: »Wo sind deine Füße?«, wird es mit den Händen seine Zehen anfassen oder sie Ihnen entgegenstrecken. Diese Sprachspiele können Sie beliebig variieren, und Ihr Baby wird Ihnen bald verständlich machen, welches Frage- und Antwortspiel es jetzt gerade spielen möchte.

Immer gleiche Fragen und Antworten helfen dem Kind, Konstanten in seiner Umwelt zu entdecken, auf die es sich verlassen kann.

Handspiele

Da Ihr Baby immer geschickter im Umgang mit seinen Händen wird, liebt es nun besonders Spiele, die mit Handbewegungen verbunden sind. Das Zusammenbringen der Hände und das Klatschen wird in dem folgenden Singspiel geübt:

Backe, backe, Kuchen, der Bäcker hat gerufen.
Wer will schönen Kuchen backen,
der muss haben sieben Sachen:
Eier und Schmalz, Butter und Salz,
Milch und Mehl, Safran macht den Kuchen gehl.
Schieb, schieb in'n Ofen 'nein.

In dem Lied

Wie das Fähnchen auf dem Turme,
sich kann drehn bei Wind und Sturme,
so soll'n sich meine Händchen drehn,
dass es eine Lust ist anzusehn.

Wenn das Baby gelernt hat, in die Hände zu klatschen, wird es diese Fähigkeit immer wieder begeistert vorführen.

wird die Fertigkeit der Handdrehung angesprochen. Damit orientieren sich die Kinderspiele für dieses Alter an den motorischen Fähigkeiten des Kindes und fördern zugleich seine Gesamtentwicklung. Das Baby kann die Handbewegungen einsetzen, die es in diesem Alter bereits gelernt hat. Dass es diese Spiele schon genauso wie die Erwachsenen beherrscht, macht ihm große Freude. Gleichzeitig aber kann das Baby nun seinerseits zu bestimmten Spielen auffordern. Wenn es in die Hände klatscht oder seine Hände dreht, wissen seine Eltern, was es möchte, und greifen die Spielidee ihres Kindes auf. Das Baby erfährt, dass es Einfluss nehmen kann, und ist stolz auf seine Selbstständigkeit.

Bilderbücher anschauen

Neben seinen Entdeckungsreisen braucht das Baby auch Pausen, in denen es zur Ruhe kommen und die direkte Nähe seiner Eltern genießen kann. Schön ist das gemeinsame Betrachten von bunten Bildern oder ersten Bilderbüchern. Diese ersten Bilderbücher sollten nur einzelne Dinge aus dem täglichen Leben des Babys abbilden, z. B. einen Teddy oder einen Ball. Das Baby wird Ihnen beim Sprechen zuhören, Sie beobachten und die bunten Bilder betrachten. Ihre Frage »Wo ist der Teddy?« kann es mit Zeigen und mit »Da!« beantworten, und mit Zeigen kann es selbst fragen: »Was ist das?«, um wieder Ihren Worten zu lauschen. Auf Ihre Frage »Wie macht der Hund?« wird es mit seinen Kinderwörtern oder Gesten antworten. Außerdem macht es dem Kind einfach Spaß, die Seiten wieder und wieder umzublättern.

Den ersten Geburtstag feiern

Der erste Geburtstag Ihres Kindes bedeutet Rückblick auf Vergangenes. Sie werden an die ersten Stunden und Tage mit Ihrem Baby zurückdenken und sich erinnern, wie schnell die ersten Fähigkeiten Ihres Kindes gewachsen sind und Ihr Vertrauen und Ihre eigene Sicherheit im Umgang mit dem Baby zugenommen haben. Vielleicht wollen Sie diesen Tag gemeinsam mit Verwandten und Freunden feiern. Fühlen Sie sich in die Situation Ihres Kindes ein, das an diesem Tag im Mittelpunkt stehen wird, und überfordern Sie es an seinem Geburtstag nicht. Geschenke sind für das Kind noch bedeutungslos. Aber wenn die Gäste Ihrem Kind Spielzeit schenken, so hätten auch Sie Zeit zum Feiern. Gemeinsame Spiele für den ersten Geburtstag könnten sein:

♦ Etwas auswickeln und wieder einwickeln
♦ Bänder und Seidenpapier durch den Raum pusten und sie wieder einfangen
♦ Fragen, zeigen und suchen: »Wer ist das? Wo ist die Oma?«
♦ Gemeinsam ein Bilderbuch anschauen
♦ Singen und einfache Bewegungsspiele spielen
♦ Nach draußen gehen und die Enten im Park füttern

Der erste Geburtstag ist auch ein Anlass, mit Erwartung und Freude auf die nächsten Jahre zu blicken. Für Ihr Kind wird weiterhin jeder Tag neue Entdeckungen und Herausforderungen bereithalten, und Sie werden es mit Ihrer liebevollen Fürsorge dabei begleiten.

Ein aufregendes Jahr geht zu Ende, und sicher werden Sie oft an die ersten Stunden und Tage mit Ihrem Baby zurückdenken.

Adressen

**Prager-Eltern-Kind Programm
PEKiP e.V.**
Heltorfer Str. 71
47269 Duisburg
Tel. 02 03/71 23 30

Familienbildungsstätten:

AWO Arbeiterwohlfahrt
– Bundesverband –
Oppelner Str. 130
53119 Bonn
Tel. 02 28/6 68 52 17

DRK Deutsches Rotes Kreuz
– Generalsekretariat,
Abt. Familienbildung –
Friedrich-Ebert-Allee 71
53113 Bonn
Tel. 02 88/7 54 13 92

Evangelisches BAG
BAG Evang.
Familienbildungsstätten
Deutenbacher Str. 1
90547 Stein
Tel. 09 11/6 70 46 - 0

Katholisches BAG
BAG Kath. Familien-
bildungsstätten
Prinz-Georg-Str. 44
40477 Düsseldorf
Tel. 02 11/4 49 92 45

PB Paritätisches Bildungswerk
– Bundesverband –
Lyoner Str. 34
60528 Frankfurt
Tel. 0 69/66 92 26 76

Über die Autorinnen

Gudrun Kampmann und Angelika Nieder sind beide Dipl. Sozialpädagoginnen und haben langjährige Erfahrungen mit Eltern und Kindern im Rahmen der Familienbildungsarbeit sammeln können. Sie sind Ausbilderinnen und Supervisorinnen für PEKiP-GruppenleiterInnen und SpielgruppenleiterInnen im Eltern-Kind-Bereich.

Literatur

Iris-Susanne Brandt-Schenk: Stillen – Das Praxisbuch für die optimale Ernährung Ihres Säuglings. Südwest Verlag 1998
Heidrun Fronek: Babys richtig ernähren. Südwest Verlag 1999
Maria Mathieu: Sanfte Babymassage – Die heilsame Berührung. Südwest Verlag 1997

Bildnachweis:

Bilderberg, Hamburg: 9 (Simon Puschmann); New Eyes, Hamburg: 27 (IDS/CHEVALIER), 34 (Kevin Hatt), 45 (Retna/Acheson), 57 (Niehoff); Tony Stone, München; U2, 5 (Jennie Woodcock), 6, 12, 38, 61 (Laurence Monneret), 14 (Donna Day), 17, U4 (Bruce Ayres), 24 (Ellen Dooley), 85 (Bob Thomas), 54 (PT Santana), 65 (Gus Butera), 72, 91 (Dale Durfee), 76 (Pennie Gentieu); Velten Heidi; Isny: Titel

Hinweis

Das vorliegende Buch ist sorgfältig erarbeitet worden. Dennoch erfolgen alle Angaben ohne Gewähr. Weder die Autorinnen noch der Verlag können für eventuelle Nachteile oder Schäden, die aus den im Buch gegebenen praktischen Hinweisen resultieren, eine Haftung übernehmen.

Impressum

© 1999 Südwest Verlag GmbH in der Verlagshaus Goethestraße GmbH & Co. KG, München

Redaktion:
Stefanie Schaeffler

Projektleitung:
Karin Stuhldreier

Redaktionsleitung:
Nina Andres

Bildredaktion:
Ute Schoenenburg

Produktion:
Manfred Metzger

Umschlag:
Till Eiden

DTP/Satz: MAC2
(Anger/Luttmann)

Printed in Germany

Gedruckt auf chlor- und säurearmem Papier

ISBN 3-517-07810-7

Register